AS LEIS DO SOL

AS LEIS DO SOL

O CAMINHO RUMO A EL CANTARE

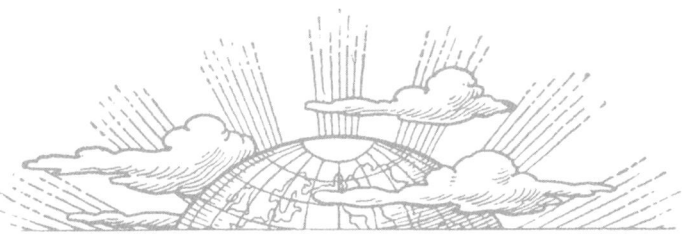

RYUHO OKAWA

3ª EDIÇÃO REVISTA E ATUALIZADA

 IRH Press do Brasil

Copyright © 2024, 2015, 2013, 1994 Ryuho Okawa
Edição original em japonês: *Taiyō no Hō – El Cantare e no Michi*
Edição original em inglês: *The Laws of the Sun –*
One Source, One Planet, One People
Tradução para o português: © 2024 Happy Science do Brasil

IRH Press do Brasil Editora Limitada
Rua Domingos de Morais, 1154, 1º andar, sala 101
Vila Mariana, São Paulo – SP – Brasil, CEP 04010-100

Todos os direitos reservados.
Nenhuma parte desta publicação poderá ser reproduzida, copiada, armazenada em sistema digital ou transferida por qualquer meio, eletrônico, mecânico, fotocópia, gravação ou quaisquer outros, sem que haja permissão por escrito emitida pela Happy Science – Happy Science do Brasil.

3ª edição revista e atualizada

ISBN: 978-65-87485-51-5

Sumário

Prefácio 9

CAPÍTULO UM
QUANDO O SOL NASCE

1. O Sol da Verdade Búdica 13
2. O Que É Buda? 16
3. Ser e Tempo 19
4. O Finito e o Infinito 22
5. O Universo Multidimensional 26
6. O Universo das Dimensões Superiores 30
7. O Surgimento da Vida (1): o Nascimento das Estrelas e dos Planetas 35
8. O Surgimento da Vida (2): o Nascimento do Espírito Humano e de Outras Formas de Vida 38
9. O Início do Grupo Espiritual Terrestre 43
10. O Crescimento do Grupo Espiritual Terrestre e o Surgimento dos Decadentes 48

CAPÍTULO DOIS
A VERDADE BÚDICA NARRA

1. A Verdade sobre a Alma 55
2. A Natureza da Alma 58

3 As Encarnações de Buda 62
4 A Estrutura da Alma 65
5 O Sistema de Espíritos Guardiões e Espíritos Guias 69
6 A Evolução da Alma 73
7 A Relação entre o Coração e a Alma 78
8 Como o Coração Funciona 82
9 Um Pensamento, Três Mil Mundos 85
10 Os Verdadeiros Oito Corretos Caminhos 90

CAPÍTULO TRÊS
O GRANDE RIO DO AMOR

1 O Que É o Amor? 99
2 A Existência do Amor 102
3 A Força do Amor 106
4 O Mistério do Amor 109
5 O Amor Não Tem Inimigos 113
6 Os Estágios de Desenvolvimento do Amor 116
7 Amor Encarnado e Amor de Deus 121
8 O Amor e os Oito Corretos Caminhos 124
9 O Amor dos Anjos 131
10 O Grande Rio do Amor 134

CAPÍTULO QUATRO
O GRAU MÁXIMO DE ILUMINAÇÃO

1 O Que É Iluminação? 141
2 O Mérito da Iluminação 144
3 Métodos para Alcançar a Iluminação 148
4 Talidade 152
5 Onividência 156

6 Um São Muitos — Muitos São Um 160
7 A Iluminação do Reino do Sol 164
8 A Iluminação do Buda Shakyamuni (1):
  A Grande Iluminação 167
9 A Iluminação do Buda Shakyamuni (2):
  A Entrada no Nirvana 171
10 A Iluminação da Nona Dimensão 177

CAPÍTULO CINCO
AS ERAS DE OURO

1 Prenúncio de uma Nova Humanidade 185
2 A Civilização de Garna 188
3 A Civilização de Myutram 191
4 A Civilização de Ramúdia 195
5 A Civilização de Mu 198
6 A Era de Ra Mu 202
7 A Civilização da Atlântida 205
8 A Era de Agasha 209
9 As Transições da Civilização Moderna 213
10 Rumo à Era de Ouro 217

CAPÍTULO SEIS
O CAMINHO RUMO A EL CANTARE

1 Abra os Olhos 225
2 Abandone seus Apegos 228
3 Seja Ardente como Ferro em Brasa Incandescente 232
4 A Vida É uma Sucessão de Desafios Diários 235
5 Quando a Vida Cintila 239
6 Tempo de Diamante 243

7 Alimente um Sonho 246
8 Tenha uma Coragem Dourada 250
9 A Época do "Dragão Adormecido": Lembranças da Minha Juventude 255
10 O Caminho para a Iluminação 266
11 O Aparecimento de Cristo e a Missão de Buda 269
12 Creia em Mim e Siga-Me 274

Posfácio 279

Sobre o Autor 281

Quem é El Cantare? 282

Sobre a Happy Science 284

Contatos 288

Outros Livros de Ryuho Okawa 291

Prefácio

Foi em setembro de 1986 que escrevi a primeira edição de *As Leis do Sol* (publicada pela Tsuchiya Shoten), portanto já se passaram oito anos desde então. Este primeiro livro sobre meus ensinamentos vendeu milhões de exemplares, em capa dura e em brochura, e virou um *best-seller*, tornando meu nome e a presença da Happy Science amplamente conhecidos em todo o Japão. A versão em inglês deste livro também atraiu muito leitores ávidos em locais como Nova York, Londres, Cairo, Sri Lanka, Tibete e Sydney.

Apesar de amar e apreciar muito a primeira edição, decidi agora fazer uma revisão mais profunda e publicar uma nova versão pela editora IRH Press. Uma das razões para isso é que minha iluminação avançou enormemente nos últimos oito anos.

Outra razão é que, na época em que escrevi a primeira edição, a Happy Science ainda não existia e não possuía um único seguidor, mas cresceu e é hoje uma das principais religiões do Japão.

Dediquei dezenas de horas a uma pesquisa exaustiva do Mundo Espiritual para escrever esta nova edição e fiz significativas revisões com base em fatos recém-descobertos. Além disso, reescrevi minha história pessoal, introduzindo muitos detalhes e redigindo-a da maneira mais objetiva possível (Capítulo Seis). Parece que alguns jornalistas e estudiosos da religião japoneses têm dificuldade em entender o que é a virtude da humildade, então decidi escrever de forma simples e direta nesta nova edição.

As Leis do Sol é um livro profundamente místico. Em vez de tentar entendê-lo usando o senso comum, quero que você substitua o que é normalmente aceito como senso comum e o troque pelo conteúdo deste livro. Num futuro próximo, bem mais que os 40 milhões de ávidos leitores de meus livros (que serão centenas de milhões ao redor do planeta em 2024) transformarão este livro no senso comum deste mundo. Assim espero.

Ryuho Okawa
Mestre e CEO do Grupo Happy Science
Junho de 1994

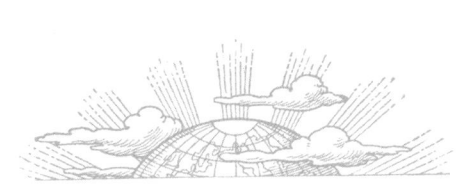

CAPÍTULO UM

QUANDO O SOL NASCE

1
O Sol da Verdade Búdica

Há a expressão *Verdade Búdica*. A Verdade Búdica é o Coração de Buda, as Regras de Buda ou a Vida de Buda, que está sempre em evolução. Além disso, a Verdade Búdica é como um fio de ouro que tece o passado, o presente e o futuro da humanidade.

Este fio de ouro chamado *Verdade Búdica* vem sendo urdido em vários tipos de tecido ao longo da história da humanidade para proteger do frio o coração das pessoas. Este tecido já se revelou como os ensinamentos do Buda Shakyamuni, na Índia, em outra época constituiu os ensinamentos de Confúcio, na China. E ainda em outra ocasião manifestou-se como o tecido dos ensinamentos de amor pregados por Jesus Cristo, em Israel.

Este tecido, que serviu para proteger do frio o coração das pessoas, foi urdido não apenas há 2 ou 3 mil anos; vários tipos de tecidos, grandes e pequenos, têm sido enviados regularmente ao mundo, desde os milênios passados até os dias atuais. No budismo, nobres sacerdotes como Nagarjuna, na Índia, e T'ien-t'ai Chih-i, na China, são exemplos famosos. No Japão, o budismo que floresceu com Kukai durante o período Heian (794-1185) e o budismo que foi revivido durante o período Kamakura (1185-1333) com monges como Hōnen, Shinran, Eisai, Dōgen, Myōe, Nichiren e Ippen também foram formas desse tecido da *Verdade Búdica*. O mesmo vale para a restauração do Budismo da Verdadeira Terra Pura com Rennyo, durante o período Muromachi (1333-1573). No Japão atual, a quinta onda religiosa[1] chegou com o surgimento da Happy Science, e o maior tecido da Verdade Búdica está prestes a ser urdido.

Desse modo, Buda tem mantido o coração das pessoas aquecido ao tecer muitas mantas de diversas cores para protegê-lo das ideias materialistas, voltadas a viver apenas o momento, que afirmam que nascemos somente uma vez. Em outras palavras, Buda é o grande benfeitor que tem feito brilhar o Sol da Verdade Búdica para que as pessoas recebam de modo contínuo calor e luz em seu coração. Este Sol da *Verdade Búdica* tem fornecido constantemente uma energia infinita de luz à humanidade. Na realidade, ele sempre brilhou no céu. Sempre esteve brilhando com esplendor.

Com certeza, houve momentos em que este Sol da Verdade Búdica pareceu desaparecer da visão das pessoas e permaneceu inerte, assim como há momentos em que as nuvens bloqueiam o Sol, em que a chuva molha as pessoas e os ventos frios as fazem tremer. No entanto, bem acima do denso mar de nuvens, o Sol está sempre ali, irradiando com firmeza sua luz dourada. Portanto, mesmo que às vezes o coração das pessoas fique confuso e iludido, e isso faça parecer que a luz da Verdade Búdica desapareceu deste mundo, um raio de luz da Verdade Búdica sempre irá brilhar através das nuvens. Esse raio é a luz da salvação; é a luz que vem salvar o mundo, a luz da vida que salva as pessoas dos tempos de trevas.

As Leis do Sol que estou a ponto de pregar descrevem com palavras verdadeiras que o Sol da Verdade Búdica, que parecia ter se posto, ergue-se de novo acima do horizonte distante, depois de mais de 2 mil anos. Dessa vez, ascende como uma esfera de luz bem maior, para dar esperança às pessoas de hoje e deixar um tesouro dourado às futuras gerações.

A partir de agora, à medida que o Sol da Verdade Búdica se eleva, uma grande luz irá jorrar de um canto da Terra. Esse canto particular é onde Buda renasceu – o Japão. Depois do Japão, em muitos outros lugares as pessoas testemunharão o Sol da Verdade Búdica em sua ascensão radiante, com digna serenidade. O mundo precisa de luz agora. Há necessidade urgente de que a Verdade Búdica se espalhe com poder arrasador para esmagar a fortaleza de trevas chamada "ilusão", que a humanidade vem construindo de modo diligente há muitos anos.

Escrevo *As Leis do Sol* na esperança de que o maior número possível de pessoas se erga para difundir a Verdade Búdica e que isso se torne uma grande realização. Escrevo, palavra por palavra, como uma sincera oração para salvar o mundo. Uma oração para que cada uma de suas palavras se torne uma palavra de vida, de luz, a ser acolhida por todos os nossos irmãos e irmãs na Terra.

2
O Que É Buda?

Atualmente, você está vivendo neste mundo da terceira dimensão na Terra, mas já pensou seriamente sobre o verdadeiro sentido da sua vida? Se já pensou, quais foram suas conclusões? Para refletir sobre nossa vida, devemos começar definindo o que ela é. Você acha que a vida se resume às décadas de tempo que passamos neste mundo desde o nascimento até a morte? Nesse caso, a partir do momento em que abrir este livro, irá experimentar uma reversão total da sua visão sobre a vida.

Se a vida fosse finita e você, um indivíduo com um nome dado por seus pais, virasse nada ao morrer, deixasse apenas um punhado de cinzas e ossos após ser cremado e o resto desaparecesse no ar como dióxido de carbono e vapor d'água, então por que se esforçaria tanto para viver sua vida? Por que estudaria e lutaria contra as dificuldades? Por que se aprofundaria na sua compreensão da vida ou perseguiria seus sonhos?

Sidarta Gautama – o Buda Shakyamuni – transmitiu seus ensinamentos (o Darma) na Índia há mais de 2.500 anos. Mas será que se tratava apenas de mentiras? Em seus 80 anos de vida, ele ensinou o sentido e a missão da vida, e a existência do outro mundo, também chamado de Mundo Real[2], mas será que essas doutrinas eram apenas bobagens para iludir as pessoas? Claro que não. Não eram doutrinas inventadas por um ser humano primitivo.

Àquelas pessoas que se orgulham de ser intelectuais modernos, eu perguntaria: quem de vocês seria capaz de dominar a Verdade e expô-la de maneira tão superior que refutasse os ensinamentos do Buda Shakyamuni? E aqueles que insistem que os ensinamentos do Buda Shakyamuni são mera ficção, o que têm a dizer sobre a Verdade ensinada por Jesus Cristo há 2 mil anos? Vocês afirmariam que os ensinamentos de Jesus são também sem sentido? Mais de 1 bilhão de pessoas no mundo venera Jesus Cristo, que nunca deixou de acreditar em Deus. Mas você seria capaz de descartar Deus como uma invenção baseada na crença pessoal de Jesus? Jesus foi um verdadeiro enviado da Verdade que orava enquanto derramava suor e sangue no Jardim de Getsêmani e que foi crucificado com uma coroa de espinhos. Se você é capaz de tachá-lo de louco, desafio-o a dar um passo adiante e provar ao mundo que você está em sã consciência.

Àqueles que se veem como pessoas científicas e racionais, e afirmam que só acreditarão na existência de espíritos depois de tê-los visto com os próprios olhos, digo o seguinte: antes de se gabarem com essas afirmações, vocês deveriam ter o mais profundo respeito por figuras da grandeza de Shakyamuni e Cristo, honrados há milhares de anos na história humana. Se vocês têm suficiente confiança para rir das doutrinas desses dois homens, respeitados há milênios, precisam primeiro provar que são dotados de uma integridade ainda maior.

Não há ninguém que possa realmente fazer isso, porque não existe ninguém que dominou a Verdade Búdica mais profundamente que o Buda Shakyamuni, possuidor do nível mais elevado de iluminação, ou que Jesus Cristo, que era guiado por El Cantare, a consciência central do Buda Shakyamuni. Portanto, você deve primeiro abrir seu coração e começar a aprender o que são os ensinamentos de Buda. Essa atitude equivale a explorar a evidência científica no sentido mais verdadeiro.

Se decidirmos explorar o que é a vida, encontraremos inevitavelmente a orientação de Buda em algum momento. As oportunidades para conhecer os ensinamentos de Buda estão espalhadas por todas as situações. Os momentos de nascimento e morte são as maiores oportunidades, mas Buda mostra vislumbres de Seu próprio ser também em outros momentos, como quando você está doente, apaixonado ou passando por dificuldades.

Ao longo deste livro todo, pretendo responder à pergunta: "O que é Buda?". Ao fazer isso, também darei a você muitas dicas e respostas sobre o propósito e a missão da vida.

3
Ser e Tempo

Nós, humanos, vemos todo tipo de vida e de manifestações sob a luz generosa e radiante do Sol, desde que nascemos neste mundo. Nessa variedade, podemos descobrir uma Verdade, uma lei universal: é a lei da mudança constante. Tudo o que existe neste mundo está sujeito a essa lei – humanos, animais, plantas, minerais ou micróbios. Mas o que é afinal essa lei da mudança constante? É a lei que diz que neste mundo tudo passa pelos estágios de nascimento, crescimento, declínio e extinção. Os próprios humanos são um exemplo disso; há o momento do nascimento, o processo do crescimento até se tornar adulto, o processo do envelhecimento e por fim a morte. Esta lei se aplica a todas as *coisas*, tanto as naturais quanto as feitas pelo homem. Pegue como exemplo um automóvel. Há o estágio de fabricação do carro e o estágio em que é usado de modo eficiente para o transporte. Depois, acaba sofrendo quebras e por fim vira sucata. O mesmo ocorre com as plantas; quando uma semente é plantada, ela germina, cresce e floresce. Depois de florescer, porém, começa a murchar e finalmente desaparece, deixando apenas sementes ou bulbos. Portanto, tudo o que existe neste mundo da terceira dimensão passa por esses quatro estágios: nascimento, crescimento (ou pleno funcionamento), declínio (ou mau funcionamento) e morte (ou desmantelamento). Em outras palavras, todos os seres neste mundo fenomênico da terceira dimensão trazem dentro de si um tempo para transformação.

Em termos simples, nada pode existir de forma estática. Tudo tem permissão de *ser* com base na precondição de que passará por mudanças. Podemos dizer também que os seres deste mundo, configurados para viver em constante mudança, são como filmes exibidos na tela por um projetor chamado tempo. Ou seja, a existência tem intrinsecamente essa característica: a mudança constante no tempo.

Se fosse explicar isso de maneira ainda mais simples, é como se todas as *coisas* neste mundo mudassem a cada momento; ou seja, nada é capaz de permanecer exatamente igual. Até as células de nosso corpo são diferentes hoje das que tínhamos ontem. E embora o corpo humano seja feito de células que mudam todos os dias, ainda assim existe uma substância com um nome – uma existência real, que unifica as células do corpo.

Em outras palavras, por trás de todas as existências que mudam constantemente no fluxo do tempo há *algo* que nunca muda. Isso vale para humanos, animais e plantas. Por exemplo, o que faz com que uma flor seja uma flor não são as células da planta reunidas aleatoriamente. Se a flor fosse apenas um agregado aleatório de células vegetais, então, estando sujeito à lei da mudança constante, a flor mudaria e se transformaria em outra coisa. No entanto, uma flor é sempre uma flor: era uma flor ontem, é flor hoje e será flor amanhã. O que muda é apenas seu estágio de crescimento; ela nunca se transformará em outra coisa que não seja uma flor – um animal ou um ser humano, por exemplo. Do mesmo modo, um crisântemo nunca se transformará numa tulipa, ou uma tulipa numa flor cosmos. Uma tulipa encerrará sua vida como uma tulipa, e não como outra coisa.

Portanto, há *algo* que não muda, mesmo estando dentro da mudança; *alguma coisa* nunca muda, mesmo estando dentro da mudança constante. Esse *algo* é às vezes chamado de *realidade*, outras vezes de *ideal* ou *ideia*. Há uma conhecida expressão budista que afirma: "Matéria é vazio, vazio é matéria", e são palavras da Verdade que proclamam o que acabei de descrever: as existências sempre mutáveis deste mundo são as imagens projetadas das existências universais, as existências reais imutáveis que estão por trás da mudança.

Os seres humanos não são meros agregados transitórios de células que mudam constantemente ao longo do tempo. A verdadeira natureza dos humanos não é a de seres efêmeros que mudam com o fluxo do tempo, mas de existências reais eternamente imutáveis. Esta existência imutável é nossa própria vida, nossa alma e nosso espírito. Quando digo *espírito*, não me refiro a algum fenômeno misterioso e peculiar; refiro-me à própria essência dos seres humanos, o ser imutável ou a ideia da vida. A essência dos seres humanos é a inteligência de caráter único que governa o corpo humano e a consciência individual que sustenta a existência do corpo físico. Independentemente das impressões que as pessoas tenham a respeito do termo *espírito*, existe uma única verdade: as flores têm uma forma de vida como flores, e os humanos, uma forma de vida como humanos.

4
O Finito e o Infinito

Bem, acabei de discorrer sobre o tempo e a existência. Agora, desejo passar a outro assunto: o que mais existe além do horizonte do tempo e do espaço? Vou falar a respeito do finito e do infinito. A vida é finita ou infinita? O universo é finito ou infinito? São perguntas que todos já fizemos pelo menos uma vez na vida.

Antes de chegar a alguma conclusão, eu gostaria de contar uma história.

Era uma vez uma tartaruga muito grande. Ela demorava 10 minutos para mover a pata dianteira direita, 10 minutos para mover a pata dianteira esquerda, e mais 10 minutos para mover cada pata traseira. Ou seja, levava 40 minutos para dar apenas um passo adiante. Um dia, essa tartaruga ficou imaginando se aquela praia tinha um fim e decidiu explorar o mundo. Olhando fixo para a linha do horizonte que se estendia à distância, começou a se mover com todas as suas forças.

Gastando 40 minutos para fazer seu corpo avançar um passo, a tartaruga foi medindo a linha costeira. Deixava suas marcas pela praia, para saber por onde já havia passado. Achava que assim não caminharia duas vezes pelo mesmo lugar. Podemos considerá-la uma tartaruga esperta. Mas, por mais que avançasse, a praia não terminava nunca, e um dia a tartaruga morreu de exaustão. Morreu acreditando ter explorado pelo menos metade do mundo.

No dia seguinte, um pescador passou por ali, arrastou a tartaruga até o outro lado da ilha e comeu-a. Será que demorou muito tempo para chegar ao outro lado da ilha? Não, com suas pernas robustas, levou apenas 10 minutos para caminhar até lá. Na realidade, a pobre tartaruga havia caminhado dando voltas e mais voltas em círculo pela praia de uma pequena ilha, sem perceber que as ondas do Pacífico iam apagando suas pegadas impiedosamente.

Essa história me vem à mente toda vez que penso na questão do finito e do infinito. Qual a diferença entre a tartaruga e o pescador? A velocidade de seus passos? Sim, com certeza. O tamanho de seu corpo? Também. A diferença de experiência? Poderíamos dizer que sim. Mas a diferença fundamental, penso eu, está em sua capacidade de discernimento. A meta da tartaruga, seu esforço e entusiasmo foram louváveis, mas por que sentimos uma melancolia pairando sobre o seu desfecho? Creio que isso se deve à diferença notória entre alguém que pode ter a percepção das coisas e aquele que não pode.

E se agora eu substituísse a tartaruga por uma pessoa materialista e o pescador por alguém que conseguiu compreender a Verdade? Algumas pessoas podem se sentir ofendidas e alegar que não são tartarugas.

Você acredita que a vida é finita e que dura apenas 60 ou 70 anos? Acredita que tudo termina com a morte?

Acredita que o mundo é limitado por aquilo que você pode ver com os próprios olhos? Nega totalmente o mundo que existe além dos seus cinco sentidos? Nesse caso, você é como a tartaruga que decidiu explorar o mundo: está apenas andando em círculos pelo mesmo pequeno mundo, confiando apenas nas próprias pegadas que vai deixando. Preciso dizer que pessoas assim são realmente dignas de pena. Estão fazendo um grande esforço para viver a própria vida com muito suor, dando voltas e mais voltas por uma pequena ilha, como a tartaruga. Por isso parecem um pouco patéticas.

Nós, seres humanos, dotados de vida eterna, na realidade existimos desde um passado muito distante. Acumulamos treinamento de vida por termos nascido e renascido muitas vezes neste mundo.

Em termos do campo espiritual da Terra, o espaço no qual atuam as formas de vida humanas não se limita a este mundo terreno da terceira dimensão. Somos originários do Mundo Real, isto é, o mundo que se estende a partir da quarta, quinta, sexta, sétima, oitava, nona e até a décima dimensão. Cada um de nós reside em diferentes mundos harmônicos que correspondem ao nível de nosso coração. Portanto, se você está questionando se o universo é finito ou infinito, preciso lhe perguntar: "Você pensa apenas em termos da terceira dimensão ou considera o universo multidimensional que se estende a partir da quarta dimensão até as dimensões mais elevadas?".

Se eu explicar o universo fazendo uma analogia com o corpo humano, posso dizer que nosso universo da terceira dimensão corresponde a um corpo sem roupa. O universo da quarta dimensão, à roupa íntima, o da quinta, a uma camisa por cima disso, e o da sexta, a um suéter. A sétima dimensão seria um terno sobre o suéter, e a oitava dimensão, um sobretudo cobrindo o corpo inteiro. A nona dimensão seria como um chapéu. Claro que se trata apenas de uma analogia, mas reflete bem a estrutura do universo multidimensional. Em essência, as dimensões mais elevadas contêm as inferiores. Não são totalmente diferentes das dimensões mais baixas; mas, embora pareçam semelhantes, têm um propósito mais elevado – compõem o que chamamos de universo dimensional superior.

5
O Universo Multidimensional

Acabei de explicar a estrutura do universo multidimensional usando uma analogia com o corpo o humano e as roupas que usamos. Mas é apenas uma descrição ilustrativa, portanto darei agora uma explicação mais teórica. Para começar, o que é uma dimensão? Costumamos dizer que vivemos na terceira dimensão, mas o que significa isso?

Dimensão é um ponto de vista abrangente que descreve um mundo específico de acordo com o número de elementos que o compõem. Por exemplo, a primeira dimensão é um mundo de "linhas" retas, formadas por sucessões de pontos. Assim, se houvesse pessoas vivendo na primeira dimensão, elas só conseguiriam diferenciar umas das outras pelo seu comprimento. Em outras palavras, você só poderia ser ou mais comprido ou mais curto que os outros. Portanto, se duas pessoas tivessem exatamente o mesmo comprimento, ninguém conseguiria distingui-las. Já o segundo mundo dimensional é formado por "comprimento" e "largura". Comprimento e largura juntos compõem um plano. Assim, se houvesse pessoas vivendo no mundo da segunda dimensão, elas seriam uma superfície plana sem espessura, como o peixe achatado linguado. Desse modo, seres de mesmo comprimento e largura e com exatamente o mesmo formato e tamanho seriam também indistinguíveis.

E o que dizer do mundo da terceira dimensão em que vivemos agora? Este mundo é composto por "comprimento", "largura" e "altura", que juntos compõem a forma física. Assim, na terceira dimensão, duas pessoas só são idênticas quando têm exatamente a mesma altura, comprimento e largura, e a mesma forma vista de todos os ângulos. Nesse sentido, distinguir uma pessoa de outra é mais complexo do que na segunda dimensão.

No mundo da quarta dimensão, acrescenta-se o elemento do "tempo" ao comprimento, largura e altura. Isso significa que, enquanto na terceira dimensão as coisas que existem no mesmo espaço também compartilham o mesmo tempo, na quarta dimensão isso não é mais assim. Quando encontramos alguém aqui na Terra e cumprimentamos com um aperto de mão, estamos ambos presentes no mesmo momento do mesmo dia, do mesmo mês e do mesmo ano, mas na quarta dimensão não é assim.

Em termos simples, quando por exemplo duas pessoas se cumprimentam na quarta dimensão, isso não significa que estejam necessariamente na mesma época. Alguém do século XIV e alguém do século XX podem se cumprimentar no mesmo lugar. Isso nunca aconteceria na terceira dimensão, mas ocorre na quarta. Assim, quando você vê um prédio à sua frente na quarta dimensão, é difícil dizer se ele existe no presente ou se você está olhando para a imagem dele do passado. Porém, embora seja uma imagem do passado, você ainda pode tocá-lo e senti-lo como se fosse real.

No mundo da quarta dimensão, o relógio de cada pessoa mostra uma hora diferente. Por isso, se na quarta dimensão você encontrar uma mulher que nasceu no Japão no período Heian (794-1185), ela parecerá tão jovem quanto era quando tinha 20 anos. O mesmo pode ser dito da maneira como as previsões funcionam. Uma coisa que irá ocorrer no futuro na terceira dimensão pode aparecer na quarta dimensão como se estivesse acontecendo naquele momento.

No mundo da quinta dimensão, além de comprimento, largura, altura e tempo, acrescenta-se outro elemento: a "espiritualidade". São esses cinco elementos que compõem o mundo da quinta dimensão. Assim, quando os espíritos da quinta dimensão se diferenciam uns dos outros, eles baseiam seu julgamento em sua forma, que é constituída por comprimento, largura e altura, pelo período de tempo ao qual pertencem e também por seu nível de consciência espiritual.

O requisito para viver nesse mundo é ter despertado para a espiritualidade ou para a verdade de que os humanos não são seres físicos, materiais. E a espiritualidade da pessoa é medida sobretudo por sua bondade. Portanto, a quinta dimensão é um mundo onde há apenas pessoas de bom coração.

No mundo da sexta dimensão, além dos cinco elementos – comprimento, largura, altura, tempo e espiritualidade –, acrescenta-se o elemento do "conhecimento da Verdade". Desse modo, para distinguir um espírito de outro, os espíritos desse mundo da sexta dimensão baseiam seu julgamento em sua forma, no tempo ao qual pertencem, em seu nível de espiritualidade e no grau de seu conhecimento da Verdade. Os requisitos para viver na sexta dimensão são: ser uma pessoa moral, de bom coração e que tenha adquirido conhecimento dos ensinamentos de Buda. O grau de conhecimento da Verdade varia de pessoa para pessoa, é claro, e isso cria diferentes níveis dentro da sexta dimensão; mas todos nessa dimensão, sem exceção, acreditam na Verdade.

6
O Universo das Dimensões Superiores

Agora vou descrever a sétima dimensão e demais dimensões superiores. Na sétima dimensão, o elemento do "altruísmo" é acrescentado aos elementos da sexta dimensão – comprimento, largura, altura, tempo, espiritualidade e conhecimento da Verdade. Os habitantes abaixo da sétima dimensão vivem de maneira individualista e autocentrada. Digo isso não no sentido de condenar, mas sem juízo de valor.

Mesmo no mundo altamente evoluído da sexta dimensão, os espíritos ainda se esforçam para absorver mais conhecimento da Verdade para o seu próprio aprimoramento. Em outras palavras, ainda são equivalentes a estudantes e, de um ponto de vista mais amplo, ainda não fazem parte do mercado de trabalho. Em resumo: se enxergarmos os espíritos da sexta dimensão como estudantes universitários, os da quinta dimensão seriam alunos do ensino médio e os da quarta dimensão seriam do ensino fundamental II, enquanto os indivíduos da terceira dimensão seriam alunos do ensino fundamental I.

Somente quando você alcança a sétima dimensão é que pode dizer que concluiu sua educação e partiu para o mundo do trabalho. Assim, o principal interesse dos espíritos dessa dimensão é o altruísmo: seu coração é de amor, e suas ações são de servir. Por isso, os espíritos da sétima dimensão não só dão amor e prestam serviço uns aos outros, como também atuam diariamente na orientação dos espíritos da sexta dimensão e dimensões inferiores. São ativos sobretudo em salvar os espíritos que deixaram o corpo físico e estão perdidos na quarta dimensão.

Os espíritos da sétima dimensão também renascem na terceira dimensão na forma humana, praticando uma vida de amor e de serviço. Portanto, há vários seres sagrados vivendo na sétima dimensão.

Na oitava dimensão, acrescenta-se a "misericórdia" aos sete elementos de comprimento, largura, altura, tempo, espiritualidade, conhecimento da Verdade e altruísmo. A misericórdia é a atitude de doar-se. É a disposição daqueles em posições superiores de doar-se continuamente, sem hesitação ou discriminação – é nisso que consiste a misericórdia. Enquanto o amor da sétima dimensão pode ser chamado de "amor que se dá", o amor da oitava dimensão é mais elevado ainda; pode ser descrito como "amor que se dá incessantemente" ou "amor infinito".

O amor da sétima dimensão é ainda fruto do esforço humano; é o compartilhamento do amor que você acumulou por meio de seus esforços. Mas o amor da oitava dimensão é como o Sol, ou seja, é inesgotável. Isso é misericórdia.

Enquanto o amor da sétima dimensão é seletivo ou difere em profundidade dependendo da pessoa para quem você o dá, o amor dos espíritos da oitava dimensão é imparcial e isento de ego. Ele está livre da discriminação que decorre da forma humana de pensar. Como esses espíritos são os supridores de amor infindável, podemos dizer que são pessoas altamente qualificadas para serem verdadeiros líderes.

Na nona dimensão, acrescenta-se o elemento do "espaço cósmico" aos oito componentes de comprimento, largura, altura, tempo, espiritualidade, conhecimento da Verdade, altruísmo e misericórdia. Os espíritos da oitava dimensão e dimensões inferiores vivem na estratosfera em torno da Terra, formando um mundo multidimensional que compõe o campo espiritual terrestre. Já a nona dimensão não se restringe ao sistema da Terra, ela se conecta também ao Mundo Espiritual de aglomerados estelares fora do nosso sistema solar. Isso significa que os espíritos da nona dimensão guiam o Grupo Espiritual da Terra, alinhados à evolução do Grande Universo. A maioria das divindades personificadas, como o Deus Primordial e o Buda Primordial das religiões globais, está nessa dimensão. A nona dimensão é, portanto, um lugar para aqueles que são a fonte das Leis.

O que distingue os seres dessa dimensão são as diferentes cores do raio de luz emanado, que representa a fonte da Lei. Essa é a única maneira pela qual sou capaz de descrever essa dimensão. O que quero dizer é que há apenas um conjunto de Leis de Buda, é claro, mas ele se manifesta em sete cores, dependendo do caráter do ser da nona dimensão que ministra esses ensinamentos.

Acima da nona dimensão está a décima dimensão, a mais elevada do Grupo Espiritual Terrestre. Nessa dimensão, não há nenhum espírito humano que tenha nascido em corpo físico, pois existem ali apenas *três consciências*. Se eu fosse enumerar os elementos da décima dimensão, acrescentaria "criação/evolução", além da misericórdia da oitava dimensão e do espaço cósmico da nona dimensão. Os seres da décima dimensão não se diferenciam em termos de personalidade, como ocorre com os humanos; eles apenas assumem diferentes papéis ao realizar a criação/evolução.

As três consciências da décima dimensão são a Consciência do Grande Sol, a Consciência da Lua e a Consciência da Terra. A Consciência do Grande Sol governa o aspecto positivo ou a vontade proativa de todas as criaturas vivas da Terra, inclusive os humanos. A Consciência da Lua governa o aspecto passivo ou o aspecto feminino, da graça. A Consciência da Terra é a consciência da força vital do planeta e governa a criação de todas as coisas da Terra. A história de 4,6 bilhões de anos da Terra tem sido conduzida por meio do trabalho dessas três consciências.

Quanto às dimensões relativas à Terra, a décima dimensão é a mais elevada, mas em nosso sistema solar existe uma 11ª dimensão. O elemento acrescentado à 11ª dimensão é a "missão do sistema solar"; o ser da 11ª dimensão é a própria força vital, o próprio corpo espiritual do Sol.

Mais acima temos a Consciência Galáctica, da 12ª dimensão. Trata-se de um espírito de grandeza colossal que governa o plano galáctico, reinando sobre centenas de milhares de Consciências Estelares da 11ª dimensão, como o espírito do Sol do nosso sistema solar (em contraste, os seres da décima dimensão são chamados de Consciências Planetárias).

Isso é o máximo que consigo explicar usando palavras. O Buda Primordial (Deus Primordial) do Grande Universo é provavelmente um Ser além da 20ª dimensão.

7
O Surgimento da Vida (1): o Nascimento das Estrelas e dos Planetas

O que ocorre com o ser humano após a morte é um assunto de interesse principalmente no sentido religioso, enquanto o mistério do surgimento da vida – como os seres humanos e outras criaturas vivas passaram a existir – é um assunto de interesse sobretudo científico. Portanto, vou falar agora sobre o mistério do surgimento da vida, e também provar que o interesse religioso e o interesse científico possuem o mesmo objetivo final.

Para começar, sabe-se que o universo da terceira dimensão, do qual nosso planeta Terra faz parte, foi criado há cerca de 40 bilhões de anos. Considerando que o Buda do Grande Universo (Deus Fundamental) é um Ser da 20ª dimensão ou acima dela, Ele existe como consciência há centenas de bilhões de anos – em termos mais precisos, desde tempos imemoriais. Há cerca de 100 bilhões de anos, o Buda Primordial concebeu um plano para a criação do espaço cósmico da terceira dimensão, e por volta de 80 bilhões de anos atrás criou, por Sua própria vontade, um espírito colossal para governar o universo da terceira dimensão. Isso marcou o nascimento da consciência da 13ª dimensão, que foi o primeiro espírito envolvido no universo do qual temos consciência. O Espírito Cósmico da 13ª dimensão foi a projeção da consciência do Buda Primordial, que tinha a missão de criar o Grande Universo. Há cerca de 65 bilhões de anos, esse Espírito Cósmico da 13ª dimensão criou a consciência das nebulosas da 12ª dimensão, das quais existem cerca de 2 milhões. Uma delas é a consciência da galáxia da Via Láctea, à qual nosso planeta pertence.

Há cerca de 60 bilhões de anos, essas Consciências Nebulares da 12ª dimensão criaram as Consciências Estelares da 11ª dimensão, e com isso fizeram surgir o espaço da 11ª dimensão. Na parte do espaço cósmico em que vivemos, a consciência da galáxia da Via Láctea, da 12ª dimensão, criou a consciência do nosso sistema solar, da 11ª dimensão.

Em seguida, há cerca de 53 bilhões de anos, iniciou-se a criação das Consciências Planetárias na galáxia da Via Láctea, lideradas principalmente pelas Consciências Estelares da 11ª dimensão. Isso deu origem ao universo da décima dimensão.

Em nosso sistema solar, os esforços da Consciência Estelar da 11ª dimensão originaram as consciências de Mercúrio, Vênus, Terra, Marte, Júpiter, Saturno e outros planetas em sucessão. A criação dessas Consciências Planetárias foi praticamente concluída há cerca de 42 bilhões de anos.

Então, há cerca de 40 bilhões de anos, ocorreu um evento incomum dentro da Consciência do Espírito do Grande Universo da 13ª dimensão. Fenômenos semelhantes a reações nucleares de fusão e fissão – imensos fenômenos cósmicos, como fogos de artifício – ocorreram em sequência. É o que foi chamado de Big Bang. Como resultado, como se fossem os órgãos internos de um corpo humano, formou-se um espaço de terceira dimensão dentro do Espírito Cósmico da 13ª dimensão. É claro que, na época, o espaço não era parecido com o espaço cósmico bem ordenado que vemos hoje; era como se de repente surgisse um espaço semelhante a uma água-viva transparente no formato de um estômago. Para dar mais estrutura a esse espaço semelhante a uma água-viva, as Consciências Nebulares da 12ª dimensão, as Consciências Estelares da 11ª dimensão e as Consciências Planetárias da décima dimensão trabalharam em conjunto para criar as formas físicas dos planetas, estrelas e nebulosas, em sequência, no espaço cósmico da terceira dimensão.

Durante os 40 bilhões de anos desde a criação do espaço cósmico da terceira dimensão, a taxa segundo a qual a Criação progrediu variou de acordo com a nebulosa e o sistema estelar. Na galáxia da Via Láctea, nosso sistema solar emergiu no espaço da terceira dimensão há cerca de 10 bilhões de anos. Mercúrio surgiu há 7 bilhões de anos, Vênus há 6 bilhões, e a Terra há cerca de 4,6 bilhões de anos. Foi assim que nosso planeta passou à existência. Os planetas são as primeiras consciências com vida que passaram a existir.

8
O Surgimento da Vida (2): o Nascimento do Espírito Humano e de Outras Formas de Vida

Não se sabe ao certo quando nasceu o primeiro espírito humano no grande espaço cósmico. No entanto, não há dúvida de que, quando a forma original do espaço cósmico da terceira dimensão foi criada há 40 bilhões de anos, seguida pela criação de nebulosas, galáxias e sistemas estelares, criou-se primeiro a vida na forma de estrelas e, com base nelas, surgiram várias outras formas de vida. Para simplificar, vou me concentrar aqui no nascimento da vida individual centrada em torno de nosso sistema solar.

O Sol apareceu no espaço cósmico da terceira dimensão há cerca de 10 bilhões de anos. Em seguida, surgiu Mercúrio, há 7 bilhões de anos. Nessa época, porém, nosso sistema solar ainda era inabitável. A primeira vida surgiu nele após a criação do belo planeta Vênus. Ele surgiu há 6 bilhões de anos, e meio bilhão de anos mais tarde, isto é, há cerca de 5,5 bilhões de anos, decidiu-se que seria formado o mundo da nona dimensão em nosso sistema solar. Então, um grandioso espírito foi criado; um espírito com personalidade humana, avançado no mais alto grau, com mais mobilidade do que as Consciências Planetárias da décima dimensão e apto a governar as criaturas vivas que surgiriam mais tarde no planeta. Esse primeiro Grande Espírito da nona dimensão, a forma personificada da consciência de Vênus da décima dimensão, foi chamado de El Miore. Ele governava Vênus.

As primeiras formas de vida experimentais que El Miore criou na superfície de terceira dimensão de Vênus eram metade animais, metade plantas: a parte superior do corpo desses seres era como um lírio, e a parte inferior era formada por duas pernas, como nos humanos. As folhas que cresciam nas suas costas forneciam-lhes energia para viver, por meio de fotossíntese. Essas formas de vida eram altamente autossustentáveis e tinham vida longa.

Em seguida, El Miore separou a parte animal da vegetal e deixou-as evoluir separadamente por cerca de 2 bilhões de anos. Tanto os vegetais como os animais eram diferentes daqueles que conhecemos hoje na Terra; os de Vênus eram dotados de beleza e graça. As plantas faziam brotar flores semelhantes a joias e emanavam uma fragrância celestial, e os animais eram elegantes e alguns até capazes de falar.

Mais tarde, El Miore também criou os venusianos, que se pareciam com os seres humanos atuais da Terra. Por mais de 1 bilhão de anos, Ele criou uma grande variedade de espécies e também centenas de milhares de civilizações. Os venusianos avançaram a ponto de conseguirem fazer intercâmbio com outros sistemas estelares, viajando em naves espaciais. Em seu estágio final de evolução, os venusianos eram bem parecidos com os modernos terráqueos, porém muito mais inteligentes, com um QI (quociente de inteligência) que equivaleria a 300 pelos nossos padrões. Tanto os homens quanto as mulheres tinham uma aparência celestial e um brilho semelhante ao das pérolas.

As mulheres venusianas em particular possuíam tamanha beleza que faria as misses Universo da Terra parecerem primatas. Com isso, foi realizada uma utopia venusiana cheia de sonhos, amor, beleza e inteligência.

Os venusianos haviam construído uma sociedade utópica muito avançada, baseada no amor, no conhecimento, na reflexão e no desenvolvimento. Quando o planeta inteiro estava a ponto de se tornar um mundo de *bodhisattvas*, El Miore recebeu a seguinte instrução do Buda Primordial do Grande Universo:

"O experimento da civilização de Vênus atingiu um sucesso brilhante, além das expectativas. Agora que um estágio de perfeita harmonia foi alcançado, será muito difícil obter um progresso adicional. Uma grande erupção vulcânica está prevista para Vênus num futuro próximo, e dificilmente as formas avançadas de vida sobreviverão. Parte dos habitantes venusianos devem emigrar para planetas amigos de outros conglomerados estelares para ajudá-los a evoluir. Todos os demais espíritos avançados devem permanecer no Mundo Espiritual de Vênus por várias centenas de milhões de anos e participarão mais tarde da criação de um novo grupo espiritual no planeta vizinho, a Terra. Eles terão de começar a partir da estaca zero, do início, pois quero que criem uma nova utopia na Terra. Quero que convidem almas estrangeiras de sistemas estelares desconhecidos, a fim de educá-las e contribuir para a evolução da galáxia da Via Láctea".

Assim, o desafio seguinte foi a Terra. Quando a Terra surgiu, há 4,6 bilhões de anos, na mesma época em que era realizado em Vênus o experimento de vida e de desenvolvimento civilizatório, as Consciências da décima dimensão na Terra também planejavam dar origem a vidas terrenas. Utilizando como referência o experimento precedente de Vênus, decidiram criar um grupo espiritual de vidas na Terra, com ênfase maior na evolução dinâmica, pois a Terra tinha um ambiente mais favorável à vida das criaturas.

Então, com base na ideia de El Miore, os três grandes espíritos da décima dimensão – a Consciência do Grande Sol, a Consciência da Lua e a Consciência da Terra – estabeleceram dois pilares básicos para as atividades de vida na Terra: o primeiro era permitir muitos níveis de manifestação de vida neste planeta. O segundo era que as atividades aqui seriam de curto prazo e que os seres reencarnariam entre o mundo terreno e o mundo multidimensional.

Com base no primeiro pilar, foram criados na Terra organismos como as amebas e o plâncton, há cerca de 3 bilhões de anos. Eles se tornaram a base da vida animal. Há cerca de 2,6 bilhões de anos, foram criados o bolor e outros fungos como precursores da vida vegetal. Aos poucos, várias formas de vida mais avançadas foram enviadas à Terra.

Com base no segundo pilar, foi primeiro criada a camada inferior do Mundo Espiritual, que mais tarde se desenvolveu e transformou no atual Reino Póstumo da quarta dimensão. Na época, porém, ainda não era distinguível com nitidez; tratava-se apenas de um campo espiritual nebuloso, como um véu cobrindo suavemente a Terra. Nesse primeiro estágio, micróbios e plantas inferiores reencarnavam repetidamente entre este Mundo Espiritual Inferior e o mundo terreno.

Há cerca de 600 milhões de anos, os três Grandes Espíritos Planetários da Terra perceberam que havia chegado finalmente o tempo de criar formas de vida avançadas. Criaram então o Mundo Espiritual da nona dimensão na Terra e convidaram El Miore, de Vênus, que era seu predecessor. El Miore, o primeiro grande espírito personificado da Terra, transferiu para a Terra as formas de vida espiritual que Ele havia criado nos primeiros estágios de Vênus, e a partir delas criou vida avançada – sobretudo mamíferos.

De que maneira El Miore realizou a tarefa de criar vida avançada? Primeiro, criou no Mundo Espiritual Inferior a consciência de animais como ratos, coelhos, cães e gatos, com base em seu conceito. Depois, deu-lhes forma na Terra, uns após os outros. Foi assim que animais avançados aos poucos floresceram neste mundo e a reencarnação começou a operar de modo fluente.

Por fim, El Miore conversou com as consciências da décima dimensão e afirmou que era chegado o tempo de criar o ser humano no mundo terreno. Há cerca de 400 milhões de anos, decidiu-se dar origem à humanidade na Terra. Nessa época, El Miore, que foi o primeiro governante de Vênus e a primeira entidade da nona dimensão no Grupo Espiritual Terrestre, mudou seu nome para El Cantare, que significa "Terra, o encantado reino de luz". Por volta de 2.500 anos atrás, uma parte da consciência de El Cantare nasceu em um corpo físico na Índia como Sidarta Gautama, o Buda Shakyamuni.

9
O Início do Grupo Espiritual Terrestre

El Cantare planejou criar o Grupo Espiritual Terrestre com base em dois pilares: primeiro, dar aos seres humanos também diferentes níveis de consciência espiritual para que pudessem evoluir eternamente; segundo, determinar um tempo de vida curto para os humanos neste mundo e fazê-los reencarnar entre o mundo terreno e o Mundo Espiritual.

Em seguida, El Cantare começou a criar seres humanos terráqueos a partir das avançadas formas de vida espiritual dos venusianos. Ele amplificou sua luz de misericórdia e sabedoria e criou uma imensa esfera de luz no mundo da nona dimensão. Então, introduziu os espíritos humanos venusianos mais desenvolvidos nessa esfera de luz, deu-lhes o poder da regeneração e por fim dividiu a esfera em fragmentos menores de luz. Foi assim que criou centenas de Espíritos Guias de Luz do Mundo da Frente, da oitava dimensão e das dimensões inferiores, originários da Terra.

Depois, para dar personalidade própria a cada um desses espíritos, El Cantare reuniu todos os poderes da nona dimensão e materializou-os neste planeta. De início, surgiram na superfície da Terra focos de distorções no ar, como se fossem miragens. Eles gradualmente se tornaram silhuetas que lembravam a forma humana e por fim se transformaram em corpos físicos que brilhavam com luz branca. El Cantare ficou encantado com a beleza e a excelência de Suas criações.

Quando os primeiros seres humanos apareceram surgindo do ar, um após o outro – cinco, depois dez, depois uma centena, quinhentos – El Cantare dividiu-os em dois grupos. Ele concedeu a luz da sabedoria e a coragem dos venusianos àqueles que estavam à sua direita, e a luz da beleza e da graça venusianas àqueles à sua esquerda. Foi assim que a humanidade se dividiu em homens e mulheres. Eram seres humanos com almas altamente evoluídas, que mais tarde se tornaram os espíritos elevados da Grécia ou os *tathagatas*, *bodhisattvas* e *avalokitesvaras* budistas.

À medida que o número de seus descendentes físicos se multiplicou ao longo do tempo, muitos dos antigos espíritos venusianos competentes acumularam experiências da vida física como terráqueos. Quando seu número ultrapassou 770 milhões neste mundo, El Cantare decidiu que esses descendentes físicos da humanidade evoluída que Ele havia criado também precisavam aprender a liderar. Para isso, sentiu necessidade de trazer à Terra outras criaturas vivas mais evoluídas que os antropoides, para que os descendentes pudessem transmitir-lhes ensinamentos e guiá-los. Assim, resolveu convidar seres humanoides de outros planetas. Por volta dessa época, a fim de conceber um plano de migração de outros planetas, El Cantare convidou à Terra as consciências da nona dimensão – Amor (Jesus Cristo), da constelação de Sagitário; Therabim (Confúcio), de Cisne; e Moria (Moisés), de Câncer, e pediu suas opiniões.

Nessa época, no entanto, dinossauros e outras formas de vida gigantescas começavam a vagar pelo planeta, e havia o risco de que os imigrantes recém-chegados e ainda não habituados a viver naquele ambiente hostil fossem mortos. Por isso, os primeiros humanoides convidados eram de planetas da Nuvem de Magalhães, um tipo de raça de seres um pouco assertivos, egocêntricos e combativos. Eles possuíam tecnologia muito avançada, e chegaram à Terra em naves espaciais. Sua aparência física era bem semelhante à da raça humana atual, mas tinham como particularidade orelhas pontiagudas e uma cauda parecida com a de um felino. Esses traços foram desaparecendo com o tempo, mas em razão da autoimagem que eles mantinham no fundo do coração, ao retornarem ao Mundo Celestial alguns deles assumiam a aparência de um *tengu* (um *goblin* de nariz comprido), *sennins* (eremitas), ogros, monstros e outros seres desse tipo.

Os seres humanos superiores do grupo espiritual de El Cantare, como a família real ou os líderes reais da Terra, implementaram uma política de assimilação para ajudar os migrantes a se adaptarem à vida terrena. No entanto, embora os líderes migrantes possuíssem uma grande quantidade de energia luminosa, alguns dentre eles começaram a se comportar como deuses egoístas e vingativos e perturbaram a harmonia do planeta, por isso foram confinados no Mundo do Verso. Desde então, formaram-se o Mundo da Frente e o Mundo do Verso em cada um dos mundos celestiais da oitava, sétima e sexta dimensões.

Um dos líderes do Mundo do Verso é uma entidade chamada de Enlil (encarregado do Mundo do Verso da nona dimensão). Mais tarde, há cerca de 120 milhões de anos, um dos subordinados diretos de Enlil, Lucifel, nasceu na Terra com o nome de Satã, mas desencaminhou-se e se corrompeu em razão de seu apego às coisas mundanas, como *status*, fama, riquezas materiais e prazeres sensuais. Incapaz de retornar ao Mundo Espiritual Superior, formou o Mundo do Inferno na parte inferior do Mundo Espiritual e iniciou uma revolta. Desde então, tornou-se o rei do Inferno com o nome de Lúcifer.

Como os migrantes da Nuvem de Magalhães eram egocêntricos e tinham poucas qualidades harmoniosas, El Cantare decidiu convidar outra raça de humanoides para vir à Terra. Assim, há 270 milhões de anos, 1 bilhão de seres da constelação de Órion veio à Terra numa enorme frota de naves espaciais. Esta foi a segunda migração do espaço sideral. Por volta dessa época, já havia 10 bilhões de espíritos venusianos do grupo espiritual de El Cantare passando por reencarnações na Terra, portanto já era possível acomodar uma imigração maciça de novas raças humanoides.

Foi quando vieram à Terra também três outros grandes espíritos da nona dimensão: Akemene, Orgon e Kaitron. Akemene é um espírito elevado também chamado Manu, conhecido na mitologia indiana como o "progenitor da humanidade". Orgon, também conhecido como *Tathagata* Maitreya, foi muito atuante na era da Ramúdia e da Atlântida, embora raramente tenha encarnado nos últimos 10 mil anos. Kaitron, conhecido na teosofia como Koot Hoomi, encarregado do desenvolvimento de ciência e tecnologia, nasceu na Grécia como Arquimedes, e mais tarde reencarnou na Inglaterra como Isaac Newton. Essa ocasião foi tida como uma oportunidade para ampliar o Reino dos Bondosos da quinta dimensão da Terra, para que pudesse abrigar nele um maior número de grupos espirituais. Então, há cerca de 150 milhões de anos, a consciência central de El Cantare desceu até este mundo e construiu uma enorme civilização de luz. Foi estabelecida a Verdade Búdica terráquea e houve grande progresso no treinamento de migrantes de outros planetas. O número de pessoas que se devotaram a El Cantare continuou crescendo, criando uma consciência comum como terráqueos.

Além disso, há 130 milhões de anos, comemorando que o grupo espiritual de El Cantare havia ultrapassado os 40 bilhões de espíritos individuais – conseguido por meio da repetida divisão de luz no Mundo Espiritual Superior –, ocorreu uma terceira migração maciça, e cerca de 2 bilhões de seres da constelação de Pégaso vieram à Terra. Nessa época, Theoria e Samatria se tornaram, respectivamente, o nono e o décimo espíritos da nona dimensão que vieram à Terra. Theoria nasceu na Grécia como Zeus há mais de 3 mil anos. Samatria nasceu na região do atual Irã como Zoroastro, que fundou o zoroastrismo, e também como Mani, que fundou o maniqueísmo.

Foi assim que os dez grandes espíritos se reuniram na nona dimensão e estabeleceram um sistema de governo para o Grupo Espiritual Terrestre. Nessa época, começou a ficar mais definido o papel do Reino Póstumo da quarta dimensão, destinado a abrigar a alma dos novos terráqueos.

10
O Crescimento do Grupo Espiritual Terrestre e o Surgimento dos Decadentes

Como comentei anteriormente, há cerca de 130 milhões de anos, o Grupo Espiritual Terrestre contava com mais de 40 bilhões de espíritos da linhagem de El Cantare, e sua população de espíritos vindos dos demais sistemas planetários se expandira para mais de 3 bilhões. Por volta dessa época, Enlil e outros sugeriram aumentar significativamente o número de espíritos humanos provenientes de outros planetas. Enlil propôs usar espíritos relativamente evoluídos daqueles que haviam migrado para a Terra como um núcleo a partir do qual seriam produzidos cinco espíritos ramos. A ideia de Enlil era que cada um desses espíritos se revezasse experimentando vidas terrenas, pois isso seria mais eficiente em termos de aprendizagem. Desse modo, foi criado um dispositivo gigantesco chamado Pytron, que amplificava a luz das dimensões superiores, fazia-a irradiar pelo espírito central e dava origem assim a cinco espíritos ramos.

No entanto, depois de terem sido criadas centenas de milhões de espíritos humanos por meio do dispositivo, o Pytron foi abandonado, pois os níveis espirituais de muitos desses espíritos ramos que surgiram por esse processo eram inferiores. Quando experimentavam vidas terrenas, muitos deles esqueciam que eram essencialmente espíritos e se corrompiam por apego a coisas materiais e desejos físicos, exercendo uma má influência sobre os espíritos em sã consciência. Após a morte, esses espíritos corrompidos começaram a formar um campo espiritual próprio nas camadas inferiores do Mundo Espiritual, e com seus pensamentos sombrios deram origem a um grupo no Reino Póstumo da quarta dimensão. Foi assim que teve início o Inferno.

O Pytron foi o segundo erro de Enlil – o primeiro foi a desarmonia criada pelos espíritos migrantes que Enlil trouxe da Nuvem de Magalhães. Por isso, ele recebeu de novo uma orientação rigorosa de El Cantare.

O pior é que quando Lúcifer organizou uma rebelião contra os espíritos superiores do Mundo Celestial e criou o Inferno, há 120 milhões de anos, a energia de pensamentos negativos dos espíritos do Inferno formou nuvens escuras que nunca mais deixaram a Luz de Buda entrar em seu mundo. Com isso, o Inferno tornou-se um lugar frio e escuro.

Para agravar a situação, com a formação do mundo coberto de trevas em uma área da quarta dimensão, algumas áreas da terceira dimensão também começaram a deixar de receber a Luz de Buda. Por mais que o Sol possa brilhar, nuvens no céu podem cobrir sua luz e formar sombras no solo. Por esse princípio, desde há 120 milhões de anos, todo o tipo de maldade e de caos passou a ocorrer no mundo terreno da terceira dimensão.

Desde então, um conflito persiste há mais de 100 milhões de anos, sobretudo no mundo fenomênico da terceira dimensão. *Tathagatas* e *bodhisattvas*, de dimensões superiores, têm tentado purificar o mundo terreno, mas ao mesmo tempo demônios e maus espíritos do Inferno, comandados por Lúcifer, realizam esforços desesperados contrários para expandir seu território na terceira dimensão e escapar das agonias no Inferno. Foi por isso que El Cantare em muitas ocasiões enviou seus próprios espíritos ramos à terceira dimensão e construiu um poderoso sistema de orientação para treinar Espíritos Guias de Luz por meio do poder da iluminação.

Estou escrevendo este livro, *As Leis do Sol*, para que a Luz de Buda possa brilhar uma vez mais, para que o Sol da Verdade Búdica recupere seu brilho no mundo terreno da terceira dimensão. Espero que você tenha compreendido profundamente a história do Grupo Espiritual Terrestre que expus neste capítulo para perceber o nível de seriedade com o qual pregarei aqui as Leis. *As Leis do Sol* são as leis da salvação que visam a reconstruir o Reino Búdico, o Reino da Luz original.

NOTAS

1. Desde o surgimento da Happy Science, observamos uma quinta onda de religiosidade no Japão, num nível totalmente diferente quando comparado com as ondas anteriores de novas religiões. (Com exceção da Happy Science, não houve nenhum crescimento particular no número de seguidores dos outros grupos religiosos. Além disso, deve-se fazer uma clara distinção entre a Happy Science e alguns grupos que têm causado problemas sociais, como o Aum Shinrikyo e a Igreja da Unificação.) Essa quinta onda de religiosidade é a ascensão de um movimento espiritual que visa mudar por completo o clima ateísta e materialista da sociedade japonesa do pós-guerra e, ao mesmo tempo, favorece o surgimento de uma religião avançada que oferece orientação clara para criar uma nova civilização para a sociedade futura. A Happy Science, que vai além da estrutura das novas religiões do Japão, está agora prestes a se tornar a quarta religião mundial – depois do budismo, cristianismo e islamismo. Um grande impulso já começa a se formar para integrar essas três religiões mundiais, sobrepujá-las e estabelecer a Verdade Búdica terráquea. À parte, cabe esclarecer que a primeira grande onda religiosa no Japão teve lugar entre o final do período Edo e o início do período Meiji, quando eram ativas novas religiões como Kurozumikyō, Konkō-kyō e Tenrikyō. A segunda onda veio com novas religiões como a Ōmoto-kyō, que floresceu no período Taishō e no início do período Shōwa. A terceira onda teve lugar após a derrota do Japão na Segunda Guerra Mundial, quando apareceram muitas novas religiões: esse período é às vezes chamado de "a hora do *rush* dos deuses". A quarta onda ocorreu na década de 1970, quando a economia em rápido crescimento do Japão sofreu uma desaceleração, fazendo as pessoas se sentirem inseguras, e coincidindo com o agravamento de problemas de poluição. Religiões com conteúdos mediúnicos, como GLA, Mahikari e Agonshū, se difundiram. Essa popularização deu maior impulso em direção à espiritualidade, mas também criou vários tipos de grupos religiosos baseados em falsas crenças, o que tornou inevitável a reforma religiosa trazida pela Happy Science. (N. do A.)

2. O reconhecimento da existência do Mundo Real pelo Buda Shakyamuni é expresso com clareza em muitos de seus ensinamentos. Por exemplo: nas histórias de Brahma pedindo que ele pregasse a Verdade e em sua batalha contra o demônio (Sutras Agama); nos "Ensinamentos Gradualísticos", que pregam que o acúmulo de virtudes espirituais por meio de oferendas e a obediência aos preceitos permitem renascer no Céu; no conceito dos dozes vínculos de causalidade em relação às nossas vidas passadas, presentes e futuras (ver Parte 1, Capítulo 1 de *The Challenge of*

Enlightenment, Nova York: IRH Press, 2022), que não foi um ensinamento direto do Buda Shakyamuni, mas apareceu nos primórdios do budismo; nos ensinamentos sobre o nirvana e o vazio; na história de sua descida do Céu até o útero de sua mãe na forma de um elefante branco; em seu sermão para a mãe falecida, a Rainha Maya, no Mundo Espiritual; na promessa de que seus discípulos alcançariam a iluminação e o estado búdico em suas vidas futuras (Sutra do Lótus). Alguns estudiosos budistas desavisadamente distorcem o ensinamento da ausência do ego de uma maneira materialista, mas por seus erros estão destinados ao Inferno, e suas interpretações equivocadas devem ser totalmente descartadas (ver Parte 1, Capítulo 4, de *The Challenge of Enlightenment*, Nova York: IRH Press, 2022). (N. do A.)

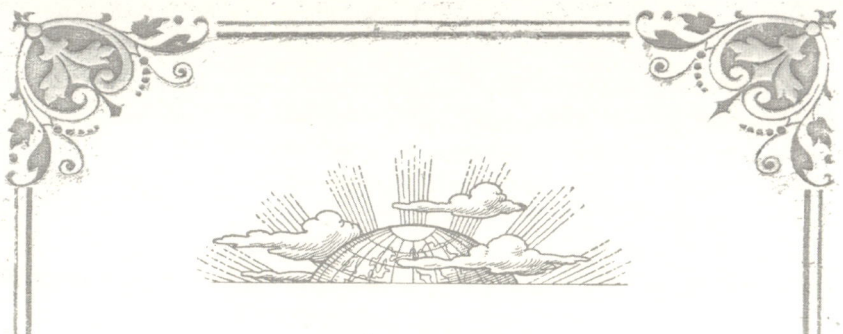

CAPÍTULO DOIS

A VERDADE BÚDICA NARRA

1
A Verdade sobre a Alma

No Capítulo Um, descrevi a história da criação do universo e da formação do Grupo Espiritual Terrestre. Como vimos, a Criação foi um processo em que seres das dimensões mais elevadas criaram os seres das dimensões inferiores. Para ser mais preciso, a Vontade do Buda Primordial, que está em uma dimensão superelevada, criou os grandes espíritos superiores em cada dimensão, um após o outro.

Depois que as Consciências Estelares e Consciências Planetárias foram formadas, um evento incomum ocorreu no interior do Grande Espírito do Macrocosmo, dando origem à primeira forma do universo tridimensional. Com o tempo, surgiram as estrelas no espaço tridimensional, que formaram os aglomerados estelares, e em cada sistema estelar foram criados espaços de vida para os espíritos com características humanas da nona dimensão e dimensões inferiores habitarem.

Em nosso sistema solar, também, teve início o Grupo Espiritual Terrestre com a criação da camada do Reino Cósmico da nona dimensão. Ele foi seguido pelo Reino dos *Tathagatas* da oitava dimensão (Reino Diamante), pelo Reino dos *Bodhisattvas* da sétima dimensão (Reino Celestial Divino), pelo Reino da Luz[1] da sexta dimensão, pelo Reino dos Bondosos da quinta dimensão[2] e pelo Reino Póstumo da quarta dimensão (que inclui tanto o

Reino Astral quanto o Inferno), nessa ordem. Existem também estruturas multidimensionais semelhantes em outras partes do universo. Mas, enquanto o mundo da nona dimensão é conectado ao Mundo Espiritual de cada aglomerado estelar, a oitava dimensão e dimensões inferiores se desenvolvem de modo independente, específico do Mundo Espiritual de cada planeta.

Isso mostra claramente que a forma vital de cada indivíduo, que costumamos chamar de "alma", é uma manifestação em dimensão inferior do Buda Primordial, que reside em dimensão muito superior. Isso quer dizer que o Buda Primordial não é algo que exista em algum lugar fora de você, mas é uma consciência elevada que está na base de sua existência. Em outras palavras, você também é parte da consciência e da autoexpressão de Buda.

Em termos simples, o Buda Primordial criou o Grande Universo e todas as formas de vida que vivem nele como parte de Sua autoexpressão. Tudo é reflexo da Sua Vontade. Portanto, se ele não desejasse mais manter o Grande Universo, faria esse universo tridimensional aparentemente infinito desaparecer instantaneamente. Isso vale também para os humanos; se o Buda Primordial abandonasse Sua Vontade de autoexpressão, as formas de vida humanas desapareceriam sem deixar vestígio. Humanos são seres efêmeros. No entanto, essas formas de vida individuais efêmeras são também seres de altíssimo nível, por serem parte da consciência de Buda.

Assim, você deve se orgulhar e ter confiança por ser uma parte de Buda e desempenhar um papel em Sua autoexpressão. Essa é a verdade a respeito da alma. Religiões passadas e filosofias sofisticadas foram desenvolvidas e transmitidas a fim de despertar as pessoas na Terra para esta verdade. O propósito derradeiro da ciência natural e da ciência espacial, que estão hoje fazendo significativos progressos, é revelar esta verdade a respeito da alma.

Partindo desta verdade maravilhosa relativa à alma, isto é, que você é parte da consciência do grande Buda, vou falar agora sobre a postura que as almas ou formas de vida humanas devem assumir em essência. Tenho certeza de que minhas palavras revelarão a Verdade Búdica.

2
A Natureza da Alma

Qual é, então, a natureza da forma de vida humana, ou alma, que é parte de Buda? É pela exploração da natureza de sua alma que você será capaz de ter um vislumbre da natureza e do caráter de Buda.

A alma tem várias qualidades que a distinguem. A primeira qualidade é sua natureza criativa. Foi concedida à alma a capacidade de transformar a si mesma da maneira que ela desejar, pelo uso de sua vontade própria. Em outras palavras, ela pode decidir por si mesma a consciência que quer ser, com o tipo de pensamentos que preferir. Por exemplo, uma alma pode escolher exibir o mais alto grau de amor ou pode escolher exercer o grau mais alto de liberdade. Ao escolher que tipo de pensamentos você sustenta em seu coração, pode controlar livremente a quantidade de luz dentro de você e elevar-se para se tornar um ser de dimensão superior, ou então reduzir sua luz e tornar-se um ser de dimensão inferior.

Será que isso quer dizer que faz parte da natureza da alma fazer o mal, ter pensamentos negativos ou se corromper? Será que cair no Inferno, ou criá-lo, também é obra da criatividade da alma? A resposta a essas perguntas é "sim" e ao mesmo tempo "não". É "sim" porque foi dada à alma liberdade para criar, e liberdade significa que não há restrições nem impedimentos. Se houvesse restrições ou impedimentos, não seria liberdade. Por outro lado, a resposta também é "não" porque a alma não foi originalmente criada para cometer o mal ou criar o Inferno. O mal não faz parte da natureza da alma. O mal é simplesmente a distorção ou as tensões que surgem quando almas com liberdade entram em conflito. Em essência, os humanos não podem cometer nenhum tipo de mal quando estão sozinhos, porque o mal só pode surgir quando eles entram em contato com outra pessoa, outra criatura ou outro objeto.

Desde tempos antigos, o dualismo de bem e mal tem sido discutido de diversas maneiras. As questões fundamentais das pessoas têm sido: por que o mal existe num mundo criado por Buda e se o mal é uma natureza oculta do próprio Buda. O mal, porém, não é obviamente da Sua natureza, ou natureza búdica. O mal é aquilo que cria obstáculos para a realização da Grande Vontade de Buda. É a mera fricção ou atrito que aparece temporariamente no coração das pessoas ou no mundo fenomênico como resultado de um confronto entre pessoas às quais foi concedida liberdade por Buda, ou um conflito entre as liberdades das pessoas. Isso significa que o mal não tem em si uma existência primária; ele é o efeito de uma função ou de uma ação.

A segunda qualidade da alma é seu papel ou natureza como núcleo que absorve e libera a Luz de Buda. O que é, então, a Luz de Buda? É a Sua energia que preenche o Grande Universo. Assim como existe a luz do Sol iluminando o mundo terreno, existe a energia de calor de Buda que se derrama radiante no universo multidimensional e preenche desde a quarta dimensão até as dimensões superiores. Assim é a Luz de Buda. Assim como nenhum organismo no mundo terreno pode sobreviver sem a energia térmica do Sol, nenhuma forma de vida na quarta dimensão e dimensões superiores no Mundo Real pode viver sem a luz e a energia térmica de Buda.

É da natureza da alma ser capaz de concentrar, absorver, emitir e amplificar essa Luz de Buda. Consideramos aqueles que podem absorver e emitir um grande volume de Luz de Buda como seres com grande quantidade de luz. São os que conhecemos como Espíritos Guias de Luz. *Tathagatas* e *bodhisattvas* têm uma capacidade gigantesca de concentrar e emanar a Luz de Buda e podem enviar essa luz a outras pessoas.

Em suma, são capazes de implantar uma luz clara no coração das pessoas. Todas as almas humanas vivem absorvendo e liberando a Luz de Buda. Mas os espíritos superiores que emanam a Luz de Buda, ou os Espíritos Guias de Luz (anjos de luz), inclusive os *tathagatas* e *bodhisattvas*, são capazes de fornecer a Luz de Buda a outras pessoas; eles têm o propósito de iluminar o mundo e encher o coração das pessoas de luz.

Se todas as almas têm a capacidade de concentrar e liberar a Luz de Buda, o que ocorre com as almas no Inferno? Para essas almas, o fornecimento da energia da Luz de Buda foi cortado. Na realidade, elas estão bloqueando a Luz de Buda com as densas nuvens escuras de energia de pensamentos negativos que elas mesmas criaram. Portanto, vivem em lugares escuros, úmidos, como cavernas.

Não são mais sustentadas pela energia de Buda; sua fonte energética são os pensamentos negativos alojados no coração das pessoas que vivem na Terra.

Neste mundo terreno, os seres humanos absorvem a luz de Buda para torná-la sua energia espiritual, mas ao mesmo tempo geram energia própria a partir dos alimentos que ingerem e que convertem em energia vital. Os espíritos do Inferno na realidade vêm roubar essa energia autogerada. Eles conectam seu "cabo de força" às áreas escuras e nebulosas do coração das pessoas na Terra e retiram delas essa energia. À medida que vão possuindo pessoas vivas, uma após a outra, levam embora sua energia e vitalidade, arruinando a vida delas. São, por assim dizer, como vampiros que sugam a energia das pessoas vivas.

Para impedir que sejamos possuídos por tais espíritos do Inferno, devemos impedir que conectem seu cabo com nosso coração. Temos de parar de criar essas áreas escuras e úmidas em nosso coração, que sintonizam com os espíritos do Inferno. Trata-se simplesmente de não criar em nosso coração essas "células cancerosas" que bloqueiam a Luz de Buda. Então, os espíritos do Inferno não receberão mais seu suprimento de energia, e o Inferno acabará desaparecendo.

3
As Encarnações de Buda

O que são, então, os *bodhisattvas* de luz? Eu gostaria de me concentrar agora nesta questão. A palavra *anjo* tem uma conotação cristã, enquanto *bodhisattva* tem uma conotação budista. Por outro lado, *tathagata* do budismo pode se referir também ao arcanjo do cristianismo e, na verdade, *bodhisattva* possui também uma nuance cristã, de anjo. Como descrevi anteriormente, tanto os ensinamentos do budismo quanto do cristianismo são essencialmente a Verdade Búdica; eles diferem apenas na cor da luz, de acordo com o caráter do seu fundador. Portanto, não há grande diferença em chamar espíritos elevados de "grandes Espíritos Guias de Luz" ou de "Anjos de Luz". Ou seja, devem ser considerados encarnações de Buda aos olhos da alma das pessoas comuns. Se todos os seres humanos foram criados igualmente por Buda, então por que existem esses espíritos superiores dignos de serem chamados de encarnações de Buda? Para começar, a própria existência desses espíritos superiores não significaria que há uma discriminação no caráter humano? Se for o caso, não seria melhor se as pessoas comuns levassem vidas comuns juntas e as de alta classe levassem vidas elevadas juntas, em grupos separados?

Por que razão existem espíritos superiores, assim como espíritos inferiores? Devo responder assumindo o ponto de vista de que a visão de mundo de Buda compreende duas perspectivas: igualdade e imparcialidade.

Todos os seres humanos, animais, vegetais e minerais, têm uma natureza búdica residindo neles. Não importa de que modo isso é expresso na aparência exterior, todas as coisas são manifestações da Vontade de Buda. Esta é a Verdade Búdica, quer você acredite ou não. Para colocar de outro modo, cada criatura é feita de um diamante de Buda chamado Sapiência. Buda implantou diamantes de diversas maneiras para fazer os seres humanos de um jeito e as plantas de outro, e com isso criou expressões vívidas e belas. Seja qual for o humano, o animal ou a planta, todos são feitos do diamante de Buda chamado Sapiência. Esta é a verdade.

O budismo chama esses diamantes de "natureza búdica", que é inerente a todas as criaturas; é uma ideia que considera os humanos como filhos de Buda. Portanto, todos, quer se trate de um espírito superior ou de um espírito inferior, são iguais pelo fato de manifestarem a vida de Buda. Aqueles que afirmam que essa diferença é equivalente a desigualdade estão apenas sendo iludidos pela sonoridade das palavras "superior" e "inferior".

O fato é que há espíritos altamente evoluídos, espíritos em evolução e espíritos pouco evoluídos. Todos os espíritos trilham o mesmo caminho, mas a diferença é que alguns estão caminhando na frente e outros vêm caminhando mais atrás. Os Espíritos Guias de Luz, altamente evoluídos, foram criados há muito tempo, portanto já percorreram uma grande distância e estão mais próximos de alcançar seu destino, que é o estado de Buda. E a maioria dos espíritos pouco desenvolvidos foram criados mais recentemente, por isso é natural que venham caminhando mais atrás.

Você diria que isso é desigualdade? Seria discriminação avaliar os espíritos com base na distância que já percorreram? Isso é algo que deve ser avaliado do ponto de vista da imparcialidade, e não da igualdade. E mesmo em se tratando de almas antigas, nada garante que elas estejam sempre avançando no caminho da evolução; algumas delas seguem na contramão. Por exemplo, espíritos que já foram anjos podem se tornar demônios no Inferno. Eles podem já ter percorrido uma grande distância, mas de alguma maneira fizeram um movimento errado e retrocederam. Seria mais adequado chamá-los de espíritos regredidos, em vez de espíritos pouco evoluídos.

Buda preserva a igualdade fazendo todos os espíritos percorrerem um único caminho, que leva até Ele. Também mantém a imparcialidade, avaliando todos os espíritos com base na distância que já percorreram. Isso significa que espíritos superiores, considerados encarnações de Buda, alcançaram realizações que condizem com o *status* que têm, e receberam papéis apropriados a essa condição. Todos os espíritos são submetidos a um aprimoramento eterno para se aproximarem desses espíritos superiores.

4
A Estrutura da Alma

Comentei que entre os espíritos ou almas humanos existe uma diferença no desenvolvimento, e expliquei a razão dessa diferença introduzindo os pontos de vista de Buda: igualdade e imparcialidade. Em seguida, gostaria de tratar da estrutura da alma. Costuma-se dizer que existe um corpo principal e espíritos ramos, ou que apenas uma parte da alma, chamada consciência superficial, vive na Terra na forma humana, mas no Mundo Real, que existe além, está a outra parte, chamada subconsciente. Para ajudá-lo a compreender isso mais claramente, compartilharei meus pensamentos com você.

No início, o Buda Primordial, que existe além da 20ª dimensão, criou a consciência do Grande Espírito Cósmico da 13ª dimensão. Essa consciência então criou as Consciências Galácticas da 12ª dimensão, que por sua vez produziram as Consciências Estelares da 11ª dimensão. Essas Consciências Estelares em seguida criaram as Consciências Planetárias da décima dimensão. As consciências com personalidade humana começaram a aparecer apenas a partir da nona dimensão. São os Grandes Espíritos da nona dimensão. São consciências com características distintas, mas seu corpo energético é grande demais para residir num corpo humano. Portanto, quando nascem num corpo físico na terceira dimensão, apenas uma porção de sua consciência desce. Sidarta

Gautama e Jesus Cristo eram partes de Grandes Espíritos da nona dimensão que foram individualizadas e nasceram em corpos humanos, tornando-se almas que representaram o caráter do Grande Espírito. Nesse sentido, a alma humana é essencialmente um espírito com uma personalidade humana. Quando os seres da nona dimensão abandonam o corpo físico e retornam à nona dimensão, tornam-se parte da memória dos Grandes Espíritos. Por este ponto de vista, podemos entender que os Grandes Espíritos da nona dimensão são capazes de se dividir num número infinito de almas; eles são completamente livres e têm capacidades irrestritas.

A situação é um pouco diferente para os Grandes Espíritos Guias de Luz do Reino dos *Tathagatas* da oitava dimensão. Eles também são grandes espíritos, mas têm personalidades ainda mais características e únicas. Um espírito da oitava dimensão costuma viver no Mundo Celestial como uma consciência integrada, mas quando necessário, pode dividir-se em qualquer número de espíritos para realizar seu trabalho. Por exemplo, Bhaisajyaguru, o *tathagata* da medicina, tem uma personalidade integrada como espírito da oitava dimensão, mas, numa época em que uma grande atuação é requisitada no campo da medicina, esse espírito pode se dividir em milhares ou dezenas de milhares de espíritos, e então guiar as pessoas na Terra ou outros espíritos em vários países do mundo. Portanto, para realizar um propósito específico, um espírito da oitava dimensão pode dividir-se em quantos espíritos forem exigidos para o trabalho, mesmo permanecendo como uma personalidade integrada. Nesse aspecto, diferem dos Grandes Espíritos da nona dimensão, que assumem personalidades diferentes para propósitos múltiplos, mantendo uma única natureza de luz.

Quanto aos espíritos do Reino dos *Bodhisattvas* da sétima dimensão, eles são definidos de modo mais individualizado como espíritos humanos. Em outras palavras, existem consciências no Mundo Celestial da oitava dimensão e dimensões superiores que nunca nasceram no mundo terreno, mas todo espírito da sétima dimensão experimentou uma vida humana na Terra. Os espíritos da sétima dimensão que pertencem ao grupo espiritual de El Cantare dão grande importância ao trabalho em equipe e, como regra geral, cada grupo é formado por seis espíritos. Um desses seis, que assume o papel central e de liderança, é chamado de "corpo principal", enquanto os outros cinco são chamados de "espíritos ramos". Esses seis espíritos se revezam em vir à Terra e conduzem a disciplina de *bodhisattva*. Em princípio, o próximo da fila a encarnar assume o papel de Espírito Guardião, e isso serve também como preparação. No entanto, para poder lidar com a estrutura complexa da sociedade moderna, há cada vez mais casos em que o espírito que encarnou mais recentemente na Terra é que atua como Espírito Guardião. Cada espírito compartilha todas as suas experiências com os outros cinco espíritos, e todos eles têm as mesmas tendências. Assim como o corpo humano é composto por seis partes – tronco, dois braços, duas pernas e cabeça –, um espírito é formado por um grupo de seis almas.

No Reino da Luz da sexta dimensão, porém, como os espíritos são praticamente incapazes de ter consciência de que compõem um grupo de seis, eles são independentes. Assim, têm dificuldade para compreender os conceitos de "almas irmãs", de "corpo principal" e de "espíritos ramos". No Reino da Luz e abaixo dele, há espíritos que foram criados há cerca de 100 milhões de anos por um dispositivo gigantesco chamado Pytron, que amplificava e emitia a luz de dimensões superiores para produzir cinco cópias, ou espíritos ramos, a partir de um corpo principal da sexta dimensão. Porém, como o nível espiritual desses novos espíritos ramos tendia a ser mais baixo que o do espírito original da sexta dimensão, a maioria deles tornaram-se habitantes do Reino Póstumo da quarta dimensão ou do Reino dos Bondosos da quinta dimensão. Como havia necessidade de que esses espíritos humanos elevassem seu nível espiritual, eles passaram a reencarnar com muita frequência entre este mundo e o outro, nos últimos 100 milhões de anos.

Na sexta dimensão e nas dimensões inferiores, o corpo principal geralmente protege e orienta seus espíritos ramos enquanto eles estão passando por treinamento na Terra. No entanto, se o grupo original de seis tem dificuldade para funcionar de modo adequado em razão da diferença enorme de consciência que surge devido às distintas experiências na Terra, em algumas situações os membros do grupo são reagrupados ao serem atingidos pela Luz de Buda.

5
O Sistema de Espíritos Guardiões e Espíritos Guias

No mundo religioso, as pessoas costumam usar os termos *espírito guardião* e *espírito guia*. Vou explicar agora esses termos, começando por espírito guardião.

As pessoas com frequência acreditam que possuem um espírito guardião cuidando delas, e que se ele for poderoso, sua vida irá melhorar, mas se não for, elas experimentarão situações difíceis. De fato, existem espíritos guardiões, e designa-se um para cada pessoa. É verdade também que a vida da pessoa pode ser afetada por ele, dependendo das aptidões de seu espírito guardião. Portanto, vou revelar este segredo: por que espíritos guardiões passaram a proteger pessoas que vivem neste mundo, a partir do outro mundo que habitam, ou seja, o Mundo Real.

Há mais de 300 milhões de anos, quando seres humanos avançados do grupo espiritual de El Cantare começaram a viver na Terra, eles não tinham espíritos guardiões. Mas o coração das pessoas era puro, e elas conseguiam se comunicar diretamente com os espíritos do Mundo Real.

Naquele tempo, o Inferno não existia e não havia maus espíritos, portanto não havia necessidade de designar espíritos guardiões para proteger os seres humanos de influências espirituais negativas.

Há cerca de 120 milhões de anos, porém, espíritos com pensamentos desarmoniosos começaram a se reunir no Reino Póstumo da quarta dimensão, a parte de baixo do Mundo Celestial, e formaram o Inferno das trevas. Como não podiam mais receber a energia da Luz de Buda, começaram a criar confusão no mundo terreno e levaram as pessoas a produzir energias de pensamento que movem o desejo, o mal e a desarmonia, a fim de se alimentarem dessa energia.

Isso foi algo totalmente inesperado. Os espíritos do Inferno se insinuaram no coração das pessoas na Terra, levando-as a ter sentimentos negativos de desarmonia, conflito, raiva, inveja e insatisfação, e, assim, começaram um plano para arrastar o mundo para uma espiral de descrença e caos. Nessa hora, os Espíritos Guias de Luz no Mundo Celestial fizeram uma reunião de emergência para traçar planos de contingência. Foram decididas então três linhas gerais conforme propostas por Amor, aquele que conhecemos hoje como Jesus Cristo:

1. Em princípio, os seres humanos na Terra não terão mais permissão de se comunicar diretamente com o Mundo Espiritual, para impedir que os maus espíritos assumam total controle sobre eles. Em vez disso, serão estimulados a escolher maneiras de melhorar a própria vida no mundo material.

2. Cada ser humano terá designado para si um espírito guardião ao nascer na Terra, que irá protegê-lo das tentações do Inferno.

3. Para evitar que as pessoas se esqueçam completamente do mundo espiritual, Grandes Espíritos Guias de Luz serão enviados à Terra a intervalos regulares para dar ensinamentos religiosos e aumentar a consciência sobre a existência do Mundo Real.

Esses três princípios básicos têm sido observados há mais de 100 milhões de anos. Mas, como o Inferno cresceu muito, ficou muito difícil para um único Espírito Guardião, contando apenas com seus poderes, proteger totalmente uma pessoa que passa por aprimoramento espiritual na Terra. Além disso, as pessoas comuns que não são líderes religiosos foram proibidas de se comunicar diretamente com o Mundo Espiritual; portanto, não podiam mais acessar memórias de suas vidas passadas. Ironicamente, ficaram ainda mais apegadas a desejos mundanos, materialistas.

E também surgiram efeitos colaterais: os conflitos entre as diferentes religiões e seitas que os Espíritos Guias de Luz estabeleceram na Terra em distintos períodos. Aproveitando-se dessa situação, os demônios e espíritos satânicos do Inferno se insinuaram no coração de líderes religiosos, levando-os a transmitir ensinamentos equivocados. Isso criou ainda mais confusão no mundo terreno.

Num cenário como esse, naturalmente tornava-se muito importante e urgente difundir a Verdade Búdica. Mas, acima de tudo, o sistema de Espíritos Guardiões precisava ser revisto. Basicamente, um Espírito Guardião pode ser tanto um espírito de seu próprio grupo de almas que se dividiu da Luz de Buda no Mundo Espiritual como um espírito de um grupo de seis, composto por um corpo principal e cinco espíritos ramos. Foi determinado, no entanto, que, quando uma pessoa que está para nascer tem uma missão grande e espera-se que cumpra essa missão a qualquer custo, será concedido a ela um Espírito Guia que tenha a mesma especialidade da principal carreira dessa pessoa na vida. No caso especial dos líderes religiosos, ficou definido que seriam designados a eles, como seus Espíritos Guias, *tathagatas* ou *bodhisattvas* mais poderosos e de nível espiritual mais elevado que o seu. O sistema de Espíritos Guardiões e Espíritos Guias foi firmemente estabelecido dessa maneira. Mesmo assim, parece que o destino das pessoas na Terra está sendo continuamente manipulado por vários maus espíritos.

6
A Evolução da Alma

Devido à influência do Inferno, a Terra tem vivido grande desordem e confusão nos últimos 100 milhões de anos. Isso, porém, não quer dizer que o Grupo Espiritual Terrestre em sua totalidade esteja se degenerando. Nesse longo prazo, ao contrário, muitos espíritos fizeram um progresso efetivo, o que é notável. É nisso que consiste a evolução da alma.

Há almas que evoluíram consideravelmente, mesmo aquelas que foram criadas na Terra. Algumas almas em especial avançam à medida que vão reencarnando e passando da quarta dimensão para a quinta, da quinta para a sexta e da sexta para a sétima. Portanto, há espíritos que nasceram na Terra e se desenvolveram até alcançar o mesmo nível dos espíritos superiores que vieram originalmente de outros planetas, tornando-se também espíritos superiores.

Ainda não houve nenhum espírito criado na Terra que tenha evoluído ao nível do Reino Cósmico da nona dimensão, mas alguns alcançaram o Reino dos *Tathagatas* da oitava dimensão, o que causou uma grande alegria aos espíritos de dimensões elevadas. Esse era o verdadeiro propósito da formação do Grupo Espiritual Terrestre.

Isso significa que as altas expectativas que eles nutriam ao imigrarem para a Terra, de torná-la bem mais harmoniosa e avançada do que os planetas dos quais vieram, começam a se tornar realidade.

Existem hoje cerca de quinhentos *tathagatas* no Reino dos *Tathagatas* da oitava dimensão, e cerca de 19 mil *bodhisattvas* do Reino dos *Bodhisattvas* da sétima dimensão. Desses, 130 espíritos se tornaram *tathagatas* da oitava dimensão pela primeira vez na Terra, e 7 mil alcançaram o Reino dos *Bodhisattvas* da sétima dimensão. Mesmo entre as novas almas criadas por meio do Pytron, muitas delas também conseguiram progredir para *dharmapalas* da parte superior da sexta dimensão, enquanto outras se tornaram *bodhisattvas* na sétima dimensão. Ou seja, em contraposição à má notícia da expansão do Inferno, também há bons relatos como este.

Mas, por que se espera que as almas evoluam? De que modo elas podem de fato evoluir? Gostaria de responder agora a essas perguntas.

Em primeiro lugar, por que as almas evoluem? Para responder a essa pergunta, precisamos retornar ao princípio e origem de tudo. Em outras palavras, antes de considerar por que as almas precisam evoluir, é essencial ver primeiro as razões pelas quais Buda criou almas de diferentes níveis. Se evoluir para um grau mais elevado fosse o único propósito, então não teria sido necessário que o próprio Buda, que já é o Ser mais evoluído, criasse almas de dimensões inferiores e as fizesse evoluir. E tampouco seria muito lógico.

A razão pela qual Buda criou consciências e almas de diferentes níveis e permitiu que se desenvolvessem é porque Ele valoriza os efeitos secundários que acompanham a evolução, não apenas a própria evolução. Por exemplo, se os pais já são indivíduos completos do jeito que estão, então por que precisam fazer todo o esforço de ter e criar filhos? Eles fazem isso não pelo único propósito de verem seus filhos se tornarem adultos plenamente desenvolvidos, mas porque o próprio ato de gerar filhos e de criá-los é acompanhado por alegria. Ao criarem filhos, as famílias não só se tornam mais alegres, como a felicidade também se amplia.

Da mesma forma, Buda criou consciências e almas de vários níveis e deseja que elas evoluam e progridam porque o próprio processo de sua evolução é acompanhado por muita alegria. Em outras palavras, tanto a criação do Grande Universo como de cada forma de vida, quando buscam a evolução, se tornam uma expressão da alegria de Buda e a fonte de Sua felicidade. Esta é a razão fundamental da existência do princípio de evolução no Grande Universo. Buda está acompanhando, com infinito amor, o crescimento em direção a Ele das consciências e almas que Ele criou à medida que evoluem, se desenvolvem e melhoram.

A seguir, vou explicar como as almas podem evoluir. Uma indicação do quanto uma alma evoluiu é a quantidade de luz. No Mundo Real, podemos avaliar claramente o nível de crescimento de uma alma examinando sua quantidade de luz. O mesmo vale para os habitantes da Terra; à medida que uma pessoa avança em seu treinamento espiritual e progride em sua iluminação, sua quantidade de luz aumenta gradualmente e atrás de sua cabeça forma-se o que se conhece como aura. Aqueles que têm visão espiritual percebem com facilidade qual é o estágio de iluminação de uma pessoa olhando para a aura dela.

    As pessoas que têm o coração sintonizado com o Inferno possuem uma aura escura e embaçada, com algumas falhas e pontos esbranquiçados aqui e ali. Como esses pontos brancos às vezes oscilam, é fácil dizer quais áreas estão sendo possuídas. Aqueles cujo coração está conectado com o Reino Póstumo da quarta dimensão (Reino Astral) têm uma aura pequena, de apenas 1 ou 2 centímetros, projetando-se da parte de trás da cabeça e de seu corpo todo. Aqueles que estão sintonizados com o Reino dos Bondosos da quinta dimensão têm uma aura de cerca de 3 a 4 centímetros na parte de trás da cabeça. Aqueles cujo coração está conectado com o Reino da Luz da sexta dimensão têm auras ainda maiores, arredondadas, que se estendem por cerca de 10 centímetros. Aqueles cujo coração está sintonizado com os habitantes da parte superior da sexta dimensão, como os *arhats* e *dharmapalas*, têm uma aura circular em forma de uma pequena bandeja, com um brilho dourado. Os que têm o coração sintonizado com o Reino dos *Bodhisattvas* da sétima dimensão têm auras circulares douradas com cerca de 40 a 50 centímetros de diâmetro acima de seus ombros. E aqueles cujo coração está conectado com o Reino dos *Tathagatas* de oitava dimensão emitem uma luz de 1 a 2 metros de diâmetro em volta do corpo, o que deixa o ambiente ao redor suavemente iluminado.

Dessa maneira, o grau de evolução da alma é mostrado pela quantidade de luz. Em termos simples, a fim de fazer sua alma evoluir, você precisa ampliar sua capacidade de receber o maior volume possível de Luz de Buda. Para isso, deve certificar-se de não criar nuvens escuras em seu coração que possam bloquear Sua luz. Deve dedicar-se a acumular treinamento espiritual para expandir a capacidade de sua alma.

7
A Relação entre o Coração e a Alma

Nesta seção, gostaria de tratar do tópico do coração e da alma. Até aqui, tenho usado os termos *consciência*, *espírito* e *alma*. Embora esses termos possam ser usados indistintamente, os atributos humanos da alma, do espírito e da consciência seguem uma progressão: a alma tem mais atributos humanos do que o espírito, e o espírito tem mais qualidades humanas do que a consciência.

Alma e coração são a mesma coisa? Vou fazer uma exposição a respeito disso. O coração espiritual é a parte central da alma. A alma é moldada como o corpo humano; portanto, assim como o coração físico fica no centro do corpo, a alma tem uma parte central chamada coração. O coração espiritual não está localizado nem na cabeça nem no córtex cerebral ou em suas células. A prova disso é que preservamos toda a memória da nossa vida terrena, mesmo após morrermos e retornarmos para o outro mundo. Quando o corpo físico se extingue, as células do cérebro naturalmente desaparecem deste mundo. Depois de cremados, os tecidos somem no ar na forma de dióxido de carbono e outros elementos. No entanto, a alma ainda é capaz de pensar, sentir e lembrar, mesmo sem o cérebro.

O cérebro funciona como um arquivo ou uma sala de controle onde são organizadas informações de todo tipo. Assim, quando esse cérebro ou sala de controle de informações sofre danos, não somos mais capazes de julgar ou agir racionalmente, porque há um desarranjo no sistema de comando inteiro do corpo físico. Suponha um homem que tenha ficado mentalmente comprometido devido a uma lesão cerebral. Embora sua família possa pensar que ele é incapaz de compreender qualquer uma de suas palavras, na verdade não é o que ocorre. Ele consegue entender tudo o que é dito, apesar de seu distúrbio mental. Na realidade, ele entende tudo em seu coração, ou seja, por meio da parte central de sua alma. Talvez apresente eventuais gestos bruscos porque não consegue expressar que consegue entender. Portanto, mesmo a pessoa tendo uma deficiência mental em razão do distúrbio físico de que padece em vida, ela pode, ao morrer e voltar ao outro mundo, pensar e agir da mesma forma que aqueles que levam uma vida saudável.

Se o coração espiritual não está no cérebro, então será que ele está no coração físico? É verdade que a alma costuma reconhecer que o coração espiritual está localizado perto do coração físico, mas o coração físico controla sobretudo a circulação do sangue, e não é o próprio coração espiritual. As pessoas, no entanto, sabem desde tempos antigos que o coração acelera quando estamos em pânico, que nosso coração sente dor quando afetado pelo luto, e que quase para quando experimentamos um medo muito intenso. A felicidade, que nos faz sentir um calor, bem como a tristeza, que faz as lágrimas brotarem, também vêm de algum lugar perto do coração. Podemos ver que, embora o coração físico não seja o coração espiritual propriamente, é um órgão intimamente relacionado com o coração espiritual e suscetível a influências espirituais.

Se imaginamos a alma moldada como o corpo humano, o centro primário do coração fica localizado ao redor do peito, e controla sobretudo a vontade, as emoções e os instintos. Além disso, o intelecto e a razão comandam a alma inteira por meio do centro secundário da alma, localizado no cérebro, que é como o centro de controle avançado do coração.

Além disso, nossa transcendentalidade está diretamente conectada aos irmãos de alma que estão no Mundo Celestial por meio do baixo-ventre, do coração e do cérebro. O espírito é essencialmente energia sem uma forma definida, mas, ao residir num corpo humano, ele se torna uma alma – um corpo de pensamento moldado como um ser humano. O espírito passa por um treinamento de vida com o coração espiritual situado no centro da alma.

Em sua vida cotidiana na Terra, as pessoas costumam negar a existência do espírito ou da alma, sem pensar duas vezes, mas provavelmente não negam a existência do coração espiritual com a mesma facilidade. Mesmo aqueles que possuem uma visão materialista e acreditam que o coração espiritual se localiza no córtex cerebral, derramam lágrimas quando estão tristes, mas o fazem não porque concluem que a situação demanda lágrimas e decidem chorar conscientemente. Quando nos sentimos tristes, o normal é que a tristeza venha do fundo do nosso coração e num instante as lágrimas comecem a brotar. Quando de repente encontramos um velho amigo, algo quente brota de nosso coração e espontaneamente abraçamos a pessoa. Não são reações do cérebro, mas reações do coração com base em nossa intuição espiritual. O chamado cerebralismo, que declara que tudo pode ser explicado como funções do cérebro, é outra forma de materialismo, portanto é algo que claramente devemos negar. Vou falar muito mais a partir de agora sobre os mistérios do coração.

8
Como o Coração Funciona

Os seres humanos são consciências, espíritos e almas que Buda criou com Sua Vontade. Já falei sobre esta verdade muitas vezes. Também expliquei que o coração é a parte central, ou mais crucial, da alma. Agora, gostaria de explorar o coração com mais detalhes, concentrando-me nos seus efeitos e funções.

Costuma-se dizer que nossos pensamentos podem ser transmitidos para outras pessoas. Por exemplo, quando você gosta de alguém, essa pessoa sente seus sentimentos mesmo que você não os demonstre, e pouco a pouco passará a gostar de você também. Isso acontece com frequência. O oposto também é verdadeiro. Quando você não gosta de alguém, essa pessoa também sente seus sentimentos mesmo que você não os expresse, e então o relacionamento entre vocês fica difícil. De que maneira se dá essa comunicação telepática – quando os pensamentos são transmitidos de um coração ao outro – e como isso ocorre na prática? Vamos analisar esse ponto.

O funcionamento do coração é, na realidade, o poder criativo que Buda deu aos seres humanos. Buda criou as diferentes dimensões com Sua Vontade. Criou o universo da terceira dimensão, a alma dos humanos, assim como seu corpo físico. Todo ser humano é parte da consciência de Buda, e é por si só um microcosmo completo. Portanto, o funcionamento do coração humano tem a mesma essência do poder criativo de Buda. Assim, todo pensamento e sentimento cria algo em algum lugar neste universo da terceira dimensão e no espaço multidimensional. Além disso, a combinação de pensamentos de todos os indivíduos transforma-se na força que cria o Mundo Real.

Existem, porém, diferentes níveis ou intensidades de pensamento, e se manifestam como pensamentos casuais, conceitos e vontade. Os "pensamentos casuais" são coisas que vêm à nossa mente em vários momentos do dia e podemos considerá-los parte de nossa atividade mental normal. Os "conceitos" são pensamentos mais concretos. Enquanto os pensamentos casuais são como ondas que batem na praia o dia inteiro, os conceitos são algo contínuo e envolvem visões detalhadas; podem ser visualizados como fotos ou imagens de vídeo. Possuem um enredo e, como a água de um rio, têm continuidade e direção. E existe a "vontade". Nesse estágio, o pensamento tem uma natureza claramente criativa. E não só isso, possui também uma força física. É o tão falado poder mental. Na quarta dimensão e dimensões superiores, a vontade cria todo tipo de coisas, já que tem poder criativo semelhante ao de Buda.

Mesmo no mundo da terceira dimensão, a função mental da vontade tem grande poder físico. Por exemplo, se sua vontade se concentra no desejo de guiar alguém numa direção positiva, é possível que ocorra uma mudança repentina no estado mental dessa pessoa ou em suas circunstâncias, e haja uma mudança para melhor. Se, por outro lado, você concentrar sua vontade no ódio por alguém, então o receptor dessa raiva pode adoecer, ver sua sorte piorar e até morrer antes do previsto.

Este efeito pode também ocorrer coletivamente. Se centenas ou milhares ou milhões de pessoas tiverem um forte desejo de transformar este mundo na Utopia do Reino Búdico e se sua vontade for concentrada e amplificada, uma luz será emitida a partir dessa parte do mundo. A luz penetrará no coração das pessoas, difundindo ainda mais seu mundo de felicidade. Desse modo, o mundo terreno poderá se transformar num Reino dos *Bodhisattvas*.

Claro, o oposto também pode ocorrer. O que aconteceria se este mundo fosse preenchido por certos pensamentos negativos das pessoas, como ódio, raiva e egoísmo? Essa energia de pensamentos, quando vista com os olhos espirituais, teria o aspecto de nuvens de tempestade se formando e flutuando sobre diferentes partes do mundo. Esse corpo de pensamentos então se transformaria num poder físico capaz de causar ainda maior confusão na Terra.

Como temos visto, o funcionamento do coração humano é maravilhoso, mas é também perigoso. Por isso, precisamos fazer uma autorreflexão exaustiva e ver como nosso coração está de fato funcionando.

9
Um Pensamento, Três Mil Mundos

Nosso pensamento fica mais poderoso quando se desenvolve, passando de "pensamento casual" para "conceito" e, depois, para "vontade". Agora, gostaria de levar essa ideia um passo adiante e explicar o conceito de "um pensamento, três mil mundos[3]". Essa noção era muito utilizada pelo monge chinês T'ien-t'ai Chih-i (538-597). Há mais de mil anos, nas montanhas T'ien-t'ai, na China, quando Chih-i ensinou esse conceito, era na realidade minha própria consciência espiritual que o guiava a partir do Mundo Espiritual Celestial.

A seguir, temos a interpretação contemporânea da mensagem que enviei a T'ien-t'ai Chih-i nas montanhas T'ien-t'ai, a partir do mundo da nona dimensão, no século VI.

"No coração dos humanos há uma agulha dos pensamentos. Essa agulha oscila constantemente e aponta em várias direções ao longo do dia, sem descanso. Até a agulha do coração dos monges que dedicam a vida à disciplina espiritual oscila quando eles veem uma jovem bonita. A agulha se move quando veem uma refeição deliciosa. A agulha dos pensamentos, ou agulha do coração, também oscila quando veem outras pessoas que alcançam a iluminação antes. E ela torna a se mover

quando seu mestre os repreende. O coração dos ascetas não conhece a paz.

"Mas a verdadeira iluminação dos humanos é alcançada quando há grande harmonia e paz, e não num coração em constante turbulência. T'ien-t'ai Chih-i, você precisa alcançar um alto nível de iluminação e indicar claramente às pessoas a direção em que a agulha do coração delas deve apontar. Os humanos nunca alcançarão a verdadeira paz mental enquanto a agulha de seus pensamentos continuar se movendo. A agulha do coração deve sempre apontar na direção de Buda, assim como a agulha da bússola aponta sempre para o norte. E, do mesmo modo que a Estrela do Norte indica o norte, você, T'ien-t'ai Chih-i, deve ensinar e guiar bem as pessoas, para que possam viver como se a Vontade Búdica fosse a vontade delas. É isso o que significa ter uma mente verdadeiramente inabalável e ter verdadeira fé.

"O coração é de fato um mistério curioso. Se seu coração estiver concentrado em brigar, ele entrará em sintonia com um inferno chamado Reino de Asura (o Inferno da Discórdia) e você, sem saber disso, terá uma vida de conflitos e destruição. Se a agulha do coração de um ser humano vivo apontar sempre para o prazer sexual, seus pensamentos ficarão conectados com o Inferno da Luxúria, e os espíritos do Inferno usarão essa agulha para invadir seu coração. Como resultado, os viventes ficam obcecados pelas mulheres, ou pelos homens, e acabarão virando uma ferramenta para aqueles espíritos satisfazerem seus desejos sexuais. Se a agulha dos pensa-

mentos daqueles que buscam Buda fica distorcida em algum momento e eles se tornam presunçosos e arrogantes, começam a pregar ensinamentos falsos ou equivocados e confundem as vozes, achando que as dos demônios são vozes de tathagatas e bodhisattvas. Alguns malfadados buscadores desencaminham as pessoas e acabam caindo no Inferno Sem Fim.

"Por outro lado, também há pessoas cuja mente está sempre cheia de bons pensamentos, com a agulha do coração apontada para o Reino dos Bondosos da quinta dimensão do Mundo Celestial. Seus amigos e ancestrais nesse mundo os observam sempre com um sorriso. Também há os que se dedicam a ajudar os outros, permanecendo humildes e modestos, procurando o caminho até Buda. O coração deles já está sintonizado com o Reino dos Bodhisattvas no Mundo Celestial e eles vivem num estado de bodhisattva, apesar de viverem neste mundo. Há ainda aqueles cuja agulha do coração está apontada fixamente para a direção de divulgar a Verdade. Eles transmitem os ensinamentos certos, têm um caráter nobre e vivem de uma maneira que pode servir como bom exemplo a todas as pessoas. O coração deles já está sintonizado com o Reino dos Tathagatas, embora ainda vivam neste mundo. Eles recebem constante orientação dos tathagatas do Mundo Celestial.

"A agulha do coração funciona de uma maneira curiosa. T'ien-t'ai Chih-i, você deve aprofundar sua compreensão dessa Lei e ajudar os outros em seu treinamento espiritual enquanto eles levam a vida terrena.

"O Céu e o Inferno existem não apenas no outro mundo, mas também aqui neste mundo. Existem no seu coração. A agulha do seu coração segue o princípio "um pensamento, três mil mundos"; pode se sintonizar de imediato tanto com o Céu como com o Inferno. Quando as pessoas tomarem consciência dessa Verdade, vão querer reservar um tempo todo dia para entrar em estado meditativo, acalmar o coração, refletir sobre a própria vida, examinar o que fizeram naquele dia e corrigir seus pensamentos e ações equivocados.

"T'ien-t'ai Chih-i, Os 'Oito Corretos Caminhos' que ensinei na Índia foram concebidos com base nessa Lei do Coração que acabei de lhe revelar: o pensamento pode sintonizar-se com três mil mundos. Céu e Inferno não existem apenas no mundo após a morte, existem também no coração das pessoas que vivem na Terra; os pensamentos que você tem enquanto vive neste mundo determinam diretamente a maneira como irá viver no outro. É exatamente por isso que os seres humanos devem viver tendo os 'Oito Corretos Caminhos' como a base de sua vida.

"Os Oito Corretos Caminhos consistem em: ver corretamente (Correta Visão); pensar corretamente (Correto Pensamento); falar corretamente (Correta Expressão); agir corretamente (Correta Ação); viver corretamente (Correta Vida); fazer os esforços corretos (Correta Dedicação); concentrar corretamente sua vontade (Correta Mentalização); e entrar no estado meditativo corretamente (Correta Meditação).

"Somente quando as pessoas conseguem praticar esses oito caminhos é que podem manter o estado do coração correto e alcançar a perfeição humana. Portanto, T'ien-t'ai Chih-i, corrija seu coração e seus atos com base nesses oito caminhos e divulgue esse ensinamento verdadeiro, de 'um pensamento, três mil mundos'. Isso o levará à sua iluminação e iluminará também a humanidade."

10
Os Verdadeiros Oito Corretos Caminhos

Até aqui, falei sobre o conceito de "um pensamento, três mil mundos", e sobre os Oito Corretos Caminhos. Para concluir este capítulo, eu gostaria de explicar o sentido dos Oito Corretos Caminhos no contexto da vida moderna.

Os seres humanos são cegos. Vivem procurando caminhos para sobreviver com base somente em informações obtidas por meio dos cinco sentidos, e muitas vezes não percebem o mundo que existe além deles. Porém, o verdadeiro significado da vida está além dos cinco sentidos. E, embora pareça contraditório, os próprios cinco sentidos podem nos despertar para o que há além deles. Assim, em vez de simplesmente lamentar que somos cegos para a verdadeira vida, por que não aceitar a condição de que somos cegos, tateando e sentindo as coisas com atenção, e aguçando os cinco sentidos para descobrir a verdade? Com esse esforço, os Verdadeiros Oito Corretos Caminhos revelarão sua natureza.

Os Oito Corretos Caminhos são a trilha a seguir para alcançar a perfeição humana; são a sabedoria que permite corrigir nossos desvios de rumo e levar uma vida correta. Não há uma resposta modelo sobre a maneira como você deve viver a vida. A vida é uma série de questões, e elas variam de acordo com as circunstâncias em que você se encontra, as experiências e o conhecimento que adquiriu e os hábitos que formou. Só você pode resolver essas questões, ninguém mais. Você é aquele que está se desviando do caminho. Então, quem além de você poderia corrigir o seu curso? É por isso que cada pessoa deve, dentro da estrutura da própria vida, explorar sistematicamente o que é correto.

Qual é, então, o critério dessa retidão? O que define que algo é correto? Responder a essas perguntas é a missão dos verdadeiros líderes religiosos e é minha missão na presente encarnação.

Saber o que é correto é conhecer o coração de Buda, significa explorar cientificamente a forma de vida de Buda. Afinal, o que é o bem e o que é o mal? O que é verdadeiro e o que é falso? O que é belo e o que é feio? O coração de Buda determina a resposta para essas perguntas. Conhecer o coração de Buda é investigar a natureza do corpo de energia de Sua luz. Em resumo, conhecer o coração de Buda é fazer o máximo esforço para compreender Buda.

Além de *As Leis do Sol*, tenho escrito outros livros sobre a teoria da Verdade para ajudar você a aprofundar sua compreensão do coração de Buda ou da natureza do corpo de energia de Buda. Esses ensinamentos serão os melhores pontos de referência para você conhecer o coração de Buda. Espero que você conheça o coração de Buda, compreenda o que é correto e use isso como guia para praticar os Oito Corretos Caminhos. A Verdade Búdica que estou expondo a você é autêntica; a menos que esteja sob a influência de demônios ou de maus espíritos, seu coração ficará comovido e lágrimas de autorreflexão com certeza brotarão de seus olhos quando estiver lendo. Você deve viver tendo como dica essa noção do que é correto que eu venho ensinando. Com isso, espero que viva cada dia orientando-se pelos pontos que exponho a seguir como material para reflexão.

1. Será que você olhou para as coisas corretamente, vendo-as como de fato são, com base numa fé correta? Observou os outros corretamente? Tratou os outros como Buda teria tratado? Aceitou com humildade uma perspectiva correta da vida e do mundo? (Correta Visão)

2. Você pensou de modo correto? Sua aspiração de se iluminar é autêntica? Não abriga algum pensamento negativo em seu coração, como cobiça, raiva ou queixas? Não pensa mal dos outros ou alimenta pensamentos maldosos a respeito deles? Não se mostrou arrogante ou não duvidou da Verdade Búdica? Não teve quaisquer pensamentos contrários à Verdade Búdica? Fez julgamentos corretos? (Correto Pensamento)

3. Você se expressou de modo correto? Não disse algo que incomoda sua consciência? Não magoou alguém com palavras abusivas? Mentiu a respeito do seu nível de iluminação? Não disse coisas que desorientam os outros, os tornam convencidos ou os deixam aflitos, provocando intrigas entre eles? (Correta Expressão)

4. Você tem agido corretamente? Como um asceta, não violou algum de seus preceitos? Não usou suas mãos, pernas ou qualquer outra parte de seu corpo físico para cometer quaisquer crimes, como assassinato, violência, roubo ou praticar algum ato sexualmente imoral, como casos extraconjugais, obscenidades, engajamento na indústria do sexo, ou pecados como condescendência com pornografia? Respeitou a vida de todas as criaturas vivas? Não poupou oferendas aos Três Tesouros – Buda, Darma e Sanga? (Correta Ação)

5. Você tem vivido de modo correto, mantendo harmonia entre suas ações, sua fala e seus pensamentos? Não tem vivido de maneira pouco saudável, sendo condescendente demais em relação a álcool, fumo, jogos de azar ou drogas? Não tem reclamado demais da vida? Tem consciência da abastança? Agradece por todas as coisas? Faz pleno uso das 24 horas que Buda lhe deu? (Correta Vida)

6. Você está estudando a Verdade Búdica de maneira correta? Não perde às vezes a vontade de se aprimorar espiritualmente? O quanto tem sido capaz de se manter afastado do mal e se dedicado a plantar sementes do bem? Não tem negligenciado os esforços corretos? (Correta Dedicação)

7. Tem conseguido acalmar o coração e sustentar um plano de vida correto em termos do seu aprimoramento espiritual e da criação da Utopia? Suas orações para autor-

realização estão de acordo com o coração de Buda, e elas ajudam a elevar o nível de sua iluminação e aprimorar ainda mais sua personalidade? Você tem uma compreensão profunda da Verdade Búdica? Memoriza corretamente os ensinamentos da Verdade? (Correta Mentalização)

8. Você reserva tempo com regularidade para a correta concentração espiritual? Tem refletido sobre os pecados que cometeu no passado, tem feito uma revisão completa de como foi o seu dia, agradecido ao seu espírito guardião e seu espírito guia para só então ir se deitar? Tem conseguido paz no coração por meio da concentração espiritual? (Correta Meditação)

Os oito itens acima compõem os Verdadeiros Oito Corretos Caminhos[4], que não perderam nem um pouco de seu valor mesmo nos tempos atuais. São a maneira correta de viver como ser humano. Ao corrigir a si mesmo todos os dias dessa maneira, você cria uma vida extraordinária, e esse mesmo esforço se torna o poder que irá elevá-lo às alturas de Buda.

NOTAS

1. Nos primeiros dias da Happy Science, usei a expressão *Shin-kai* (Reino Divino) para me referir à sexta dimensão, mas nem todos os deuses do xintoísmo japonês pertencem à sexta dimensão; na realidade, muitos deles pertencem ao Reino dos *Tathagatas* da oitava dimensão e ao Reino dos *Bodhisattvas* da sétima dimensão. Portanto, para evitar confusão, a partir de agora vou usar a expressão "Reino da Luz". (N. do A.)

2. Para a quinta dimensão, eu também costumava usar a expressão "Mundo Espiritual" num sentido restrito; porém, num sentido mais amplo ela abrange o vasto mundo que se estende da quarta dimensão até a nona e acima. Como os espíritos na quinta dimensão são caracterizados por sua natureza de bom coração, vou usar a partir de agora a expressão "Reino dos Bondosos". (N. do A.)

3. Segundo o ensinamento de Chih-i, todas as existências podem se expressar de dez formas, denominadas Dez Talidades: 1) aparência (exterior); 2) natureza (natureza inerente); 3) entidade (principais traços que compõem um ser); 4) energia (aptidões potenciais); 5) influência (funções externas); 6) causa interna (causa direta que dispara um evento); 7) condições (causa complementar); 8) efeito (resultado de causa e condição); 9) recompensa (decorrente do efeito); e 10) consistência do início ao fim (as talidades de um a nove são todas consistentes e inter-relacionadas). Existe também o ensinamento dos Dez Reinos Mutuamente Contentores: os reinos do Inferno, Fome, Animalidade, Raiva, Humanidade, Céu, Ouvinte, Desperto Solitário, Estado de *Bodhisattvas* e Estado de Buda – cada um contendo os outros nove reinos. Todas as pessoas originalmente pertencem a um desses reinos no Mundo Espiritual e, ao viver neste mundo, o coração da pessoa pode sintonizar-se com qualquer um desses dez reinos a qualquer momento. Dez tipos de pessoas podem expressar dez tipos de coração – dez reinos vezes dez reinos resultando em cem reinos do coração. Quando esses cem tipos de coração são multiplicados pelas Dez Talidades – dez formas de qualquer existência se expressar –, obtemos mil formas de se expressar, o que chamamos de "cem reinos, mil talidades".

Além disso, há três espaços de atividade humana: 1) o Domínio dos Seres Viventes: um espaço de atuação autônoma; 2) o Domínio dos Cinco Componentes: com cinco elementos que compõem cada indivíduo – matéria, emoções, percepção, volição e consciência; e 3) o Domínio do Ambiente. Mil expressões com três domínios cada uma resultam em três mil domínios. Nesse contexto, "domínio" significa diferenciação em termos de tempo e espaço.

Aqui surge o número três mil, concluindo o raciocínio por trás de "um pensamento, três mil mundos" (Para mais detalhes, consulte as obras de Chih-i, *Fahua Xuanyi* ["A Essência do Sutra do Lótus"] e *Mohe Zhiguan* ["A Prática Mahayana de Calma e Contemplação"]). Essa filosofia é típica de um indivíduo chinês aficionado pelo idealismo. Em suma, significa que o ser humano visto do mundo do coração pode ser classificado nos vastos três mil tipos, e mostra a natureza sempre mutável do coração, bem como suas infinitas possibilidades. (N. do A.)

4. Nesta seção, expliquei os Oito Corretos Caminhos na mesma ordem em que foram ensinados originalmente pelo Buda Shakyamuni, mas em outros livros meus apresentei uma abordagem diferente, pelo ponto de vista prático. (N. do A.)

CAPÍTULO TRÊS

O GRANDE RIO DO AMOR

1
O Que É o Amor?

Neste capítulo, vamos refletir sobre o amor. O amor talvez seja o tema que mais desperta interesse nas pessoas; ele pode, de fato, ser encarado como um assunto primordial. O amor é, sem dúvida, a coisa mais importante e maravilhosa que os seres humanos experimentam no decorrer da vida. As pessoas costumam ser cativadas pela palavra *amor*, por sua própria sonoridade. Ela nos inspira com sonhos; nos torna passionais; nos leva a buscar aventura.

Vamos supor que o dia de hoje é todo o tempo que lhe resta na sua vida. Mesmo que você estivesse destinado a morrer esta noite, se alguém viesse lhe oferecer palavras de amor, você seria capaz de partir deste mundo com um sorriso de felicidade. Uma vida sem amor é como a de um viajante que caminha pelo deserto, mesmo exausto. Uma vida com amor é uma vida em que o viajante do deserto vê aqui e ali oásis cheios de flores.

Aliás, o que é o amor? Será que alguém foi bem-sucedido em definir o amor de maneira precisa? Literatos? Poetas? Filósofos? No final, somente os líderes religiosos?

O quanto você consegue compreender o amor? Com que profundidade é capaz de observar sua verdadeira natureza? Esse é um desafio dado à humanidade. Uma questão. É também aquilo que nos traz alegria e felicidade e, ao mesmo tempo, aflição e sofrimento.

O amor são dois extremos. O verdadeiro amor nos leva à maior felicidade, mas o falso amor nos leva à mais profunda infelicidade. O amor é o que traz a maior parte da felicidade que experimentamos na vida, mas também a maior parte dos sofrimentos por o compreendermos equivocadamente. Compreender a essência do amor, poder aplicá-la livremente conforme seu desejo enquanto busca alcançar a maior felicidade constitui um raio de luz maravilhosa brilhando em sua vida. É como se Deus estivesse esperando por você em algum ponto desse caminho, sorrindo de braços abertos.

De qualquer modo, neste capítulo, vou tratar da essência do amor, dos seus estágios, da relação entre amor e iluminação e, por fim, vou falar sobre Deus e o amor.

Tenho conversado com frequência a respeito do amor com Jesus Cristo, que reside no Mundo Celestial. Como sabemos, Jesus Cristo é um grande mestre do amor, um especialista em amor e uma corporificação do amor de Deus. Ele afirma que é necessário ensinar o que é o verdadeiro amor justamente para as pessoas da era moderna. Pois, ao que parece, ao longo da história raramente o amor foi tão mal compreendido quanto é hoje, e as únicas eras em que isso ocorreu foi no final da Atlântida e na era de Sodoma e Gomorra, descrita no Antigo Testamento.

Seja como for, decidi lidar de frente com a questão do amor e responder às perguntas que as pessoas têm hoje. Praticar os Oito Corretos Caminhos e explorar o amor: essa é a forma desejável de disciplina espiritual para as pessoas da atualidade, e deve ser também um evangelho para elas. Portanto, a partir de agora, vou falar muito sobre o amor. Minhas palavras lhe darão visões sobre a vida, o mundo e a Verdade pela perspectiva do amor.

2
A Existência do Amor

As pessoas têm muitas oportunidades para pensar sobre o amor, embora nunca ninguém o tenha visto. Isso porque você não pode segurar o amor nas mãos ou pegá-lo e mostrá-lo aos outros. No entanto, o amor é algo que definitivamente existe. Os seres humanos acreditam na existência do amor. O amor existe. E em busca de alguma prova concreta com a qual todos possam confirmar sua existência, os humanos partem para uma jornada eterna sem um destino definido.

Nunca ninguém viu o amor; nunca ninguém o tocou. Será que não é nada além de uma mera ilusão, uma miragem? Mas, pense bem: em quantas coisas invisíveis ou intangíveis as pessoas acreditam? O vento, por exemplo. Você não pode confirmar a existência do vento com os próprios olhos, e no entanto acredita que ele existe por ver as folhas que ele levanta do chão ou ao ouvi-lo passar pelas árvores. Você conhece o toque do vento, às vezes suave, outras vezes frio ou forte acariciando sua pele. Pode descrever o vento dessas maneiras, mas não pode segurá-lo, colocá-lo numa caixa e levá-lo para mostrar aos outros.

O amor é como o vento. Todos acreditam e compartilham o sentimento de que o amor existe, mas ninguém pode provar de forma objetiva sua existência. Você não pode provar que o amor existe, mas sente sua presença.

Mesmo sem ser capaz de segurar o amor nas mãos e de dizer que isso é o amor, consegue sentir que ele está ali.

Ah, como o amor é semelhante a Deus[1]. Inúmeras pessoas têm falado a respeito de Deus e acreditado n'Ele, mas ninguém foi capaz de trazê-Lo para mostrá-Lo aos outros e dizer "Este é Deus". Grandes personalidades na história têm falado muito a respeito de Deus, na forma de ensinamentos religiosos, filosofia, poesia ou literatura, mas ninguém conseguiu dar uma prova da sua existência. Nem Jesus Cristo foi capaz de mostrar às pessoas uma imagem de Deus. Não conseguiu mostrar às pessoas e dizer: "Este é Deus, nosso Pai Celestial".

Jesus costumava dizer aos seus seguidores: "Quem ouve minhas palavras, ouve as palavras do meu Pai, que está nos Céus. É o Pai que agora fala por mim. Quem vê meus atos, vê os atos do meu Pai Celestial. É o Pai que está fazendo Sua obra por meu intermédio". Assim, Jesus muitas vezes ensinava as pessoas a sentir Deus por meio de suas palavras e ações. Depois que elas ouviam as palavras de autoridade de Jesus, sentiam a presença de Deus nele e se devotavam a ele.

Ironicamente, as coisas mais importantes para os seres humanos costumam ser as mais difíceis de provar. Em qualquer era é assim. Independentemente da era, geralmente as coisas mais importantes não conseguem ser provadas. Deus, amor, coragem, sabedoria, bondade, gentileza, beleza, harmonia, progresso, misericórdia, Verdade, sinceridade, abnegação – são realidades que existem em abundância no universo. Não há um ser sequer no

Mundo da Luz que desconheça essas palavras. No mundo terreno, porém, ninguém consegue provar que são reais, porque todos esses preciosos valores pertencem ao Mundo Real da quarta dimensão e acima. Ou seja, essas coisas não podem ser provadas com os materiais da terceira dimensão.

Eu reconheço agora o Buda Primordial (Deus Fundamental) como um Ser de uma dimensão extremamente elevada, além da 20ª; portanto, é impossível provar Sua existência com base nos padrões da terceira dimensão. É por isso que existe a fé. Ter fé significa "acreditar e reverenciar"; acreditar significa sentir e aceitar, enquanto reverenciar significa respeitar algo maior e se colocar numa atitude com um coração isento de ego.

Jesus disse: "Deus é amor"[2]. O amor é sem dúvida um dos atributos de Deus, mas Jesus quis dizer algo mais: "A existência de Deus não é para ser provada. No entanto, se me pedirem para apontar o que mais se parece com Deus, direi que é o amor. Ninguém pode provar que o amor existe, mas as pessoas sabem o quanto é maravilhoso e sabem todo o bem que pode trazer. Elas se esforçam para obter amor e acreditam no poder do amor.

Ter fé é isso. Aqueles que acreditam que o amor existe devem acreditar que Deus existe. Aqueles que acreditam no poder do amor devem acreditar no poder de Deus, pois Deus é amor. Contemplai – Eu, Jesus Cristo, o filho de Deus, realizo a obra do amor. No entanto, não sou eu quem faz essa obra, e sim meu Pai Celestial, meu

Deus, que desce em mim e me faz realizá-la. Se vocês querem ver o amor, então, olhem primeiro as minhas obras. Nelas há amor, e no amor há Deus."

Essas palavras são do sermão sobre o amor que Jesus Cristo deu na terra de Nazaré há cerca de 2 mil anos. Na época, era eu quem estava guiando Jesus a partir do Mundo Celestial. Por isso conheço suas palavras.

3
A Força do Amor

Até onde sei, o amor é a maior força que existe neste mundo. E o amor é também a maior força no Mundo Real, o mundo multidimensional da quarta dimensão e acima. Além disso, à medida que você se eleva pelas dimensões, a força do amor fica mais forte. Isso porque o amor é a força que conecta uns aos outros.

Enquanto a força de excluir o outro enfraquece ambas as partes, a força que une torna a força da pessoa duas ou três vezes maior. Portanto, o amor não tem inimigos; onde o amor vai, nenhum inimigo detém seu caminho.

O amor é um tanque de guerra. Sobe montanhas e desce vales, atravessa rios e pântanos, rompe sem esforço as fortalezas do mal e avança abrindo caminhos.

O amor é luz. É a luz que brilha na noite escura e ilumina o passado, o presente e o futuro. É a luz que ilumina o Céu e a Terra, e também o coração das pessoas. É a luz que dissolve todo o mal do mundo com infinita ternura, e acolhe todo o sofrimento deste mundo com infinito calor reconfortante.

O amor é vida. Todas as pessoas vivem alimentando-se do amor; vivem graças à força do amor; o amor é sua chama de vida. Isso porque o amor é tudo. Sem amor não há vida; sem amor não há morte. Sem amor não há caminho; sem amor não há esperança. O amor é tudo de tudo; é o alimento, bem como a vida.

O amor é entusiasmo. Entusiasmo é a força da juventude, é a confiança em infinitas possibilidades. Dentro dessa energia tão intensa encontramos o verdadeiro, bem como o inesgotável pulsar da vida.

O amor é coragem. Sem amor, os seres humanos não conseguem partir para a ação; sem amor, as pessoas não são capazes de encarar a morte. O amor é a centelha que acende o pavio da Verdade; é a flecha lançada contra a ilusão.

O amor é um juramento. Em nome do amor, as pessoas vivem em união, falam umas com as outras e caminham juntas. Sem o vínculo do amor, elas perdem o rumo e apenas esperam o sol se pôr.

O amor são palavras. Sem as palavras não há amor; sem amor não há palavras. O amor são boas palavras, bons pensamentos, boas vibrações e boas melodias. Com palavras, Deus cria o mundo; com palavras, o amor faz as pessoas.

O amor é harmonia. Graças ao amor as pessoas se estimam, perdoam-se, nutrem umas às outras e criam um mundo maravilhoso. No círculo do amor não há ira, não há raiva, nem inveja ou ciúme; no círculo do amor há apenas grande harmonia e nela as pessoas nutrem-se mutuamente.

O amor é alegria. Sem amor, não há verdadeira alegria; sem amor, não há felicidade verdadeira. O amor é a expressão da alegria de Deus e a magia que leva embora toda tristeza deste mundo. O amor é alegria; a alegria, por sua vez, gera amor; e o amor torna a produzir alegria. Assim, o amor fecha um círculo; assim, o amor circula.

O amor é progresso. Um ato de amor gera um progresso; um ato de amor produz uma luz. Dias com amor são dias de progresso, pois aonde o amor vai, lá Deus está; pois aonde o amor vai, há inúmeros espíritos santos. Onde há amor, não há regressão; onde há amor, não há medo. O amor apenas avança; o amor apenas melhora. Amar significa voar em direção a Deus.

O amor é eterno. O amor está no passado, no presente e no futuro. Nunca houve um tempo sem amor; em todas as eras sempre houve pessoas com amor. O amor voa através de todos os tempos com suas asas douradas e resplandecentes. O amor é Pégaso galopando pelo vasto céu nas alturas. O amor é a prova que vive pela eternidade; o amor é o caçador que captura o eterno momento do agora.

Por fim, o amor é oração. Sem amor não há oração; sem oração não há amor. Por meio da oração, o amor se torna uma força mais proativa. Por meio da oração, o amor concretiza todas as coisas. A oração é o poder de elevar o amor; a oração é o ritual sagrado que aprofunda o amor. Assim, ao orar a Deus, o amor se concretiza; orando a Deus, o amor se realiza.

Deus é amor, amor é Deus. A oração é o poder de fazer o amor obrar como Deus. Por meio da oração as pessoas vivem; por meio da oração as pessoas conhecem Deus. Dessa forma, por meio da oração as pessoas podem exercer a força do amor no seu grau máximo.

4
O Mistério do Amor

O amor é realmente místico. Não há como medir sua profundidade e sua elevação. Quanto mais pensamos no amor, mais saboroso ele se torna, mais encorpado ele mostra ser. Deus, em vez de revelar-Se aos humanos, provavelmente preferiu enviar amor ao mundo terreno em Seu lugar. Ao levar os seres humanos a aprender sobre o amor, Deus os ajuda a compreender como Ele é na verdade, e fornecer-lhes material para estudarem. O mistério do amor: ele nos faz sentir a presença de uma força invisível. Por isso o amor é místico.

Agora, vou contar uma parábola sobre o mistério do amor.

Era uma vez um homem velho, solitário, sem filhos ou netos. Vivia num pequeno templo afastado de um povoado, e às vezes vinham crianças desse povoado brincar ali. O mais levado de todos era Tarô, um garoto de 13 anos que perdera os pais muito cedo e era criado por sua irmã mais velha e pelo marido dela.

Um dia, enquanto Tarô brincava nos degraus que levavam ao templo, três pardais desceram voando até lá. Pousaram bem ao lado de onde ele estava sentado e começaram a conversar.

O primeiro pardal disse: "A coisa mais importante deste mundo é o Sol. É por ele estar sempre brilhando no céu que conseguimos apreciar as diferentes cores da natureza; as árvores e flores ficam muito felizes. As colheitas crescem bem e nós, pardais, nos beneficiamos disso também. Se o Sol acabasse se escondendo, o mundo ficaria nas trevas e nenhuma criatura seria capaz de viver. Nós, pardais, somos sempre gratos ao Sol, por isso nunca tiramos a vida dos nossos semelhantes. Mas como o Sol nunca cessa de brilhar sorridentemente, os humanos ficam arrogantes e fazem o que querem; brigam entre si e se caluniam. Alguns são até estúpidos a ponto de se envolverem em guerras. Um dia, o Sol poderá ficar tão desapontado que se esconderá."

Ao ouvir isso, o segundo pardal falou: "Discordo. A coisa mais importante neste mundo é, sem dúvida, a água. Sem água, nada sobrevive. Sem água, as árvores e plantas murchariam em uma semana. O arroz e o trigo não cresceriam e todos morreríamos. Os animais não durariam uma semana sem água. Devemos nossa vida à água; por isso, acho que a água é a coisa mais importante do mundo. Nós, pardais, somos gratos à água, por isso vivemos em harmonia. Mas os tolos humanos não dão valor à água pelo fato de ela ser gratuita. Preferem trabalhar duro para obter coisas fúteis como diamantes e joias. Nós, pardais, tendo espírito de abastança, estamos satisfeitos com a forma como Deus nos colocou no mundo, mas os humanos ficam muito preocupados com a própria aparência. É realmente ridículo o que eles desejam: ter um cargo mais alto que os outros, ser mais rico que os demais ou mais bonito."

Então, o terceiro pardal finalmente se manifestou e disse: "O Sol e a água com certeza são maravilhosos, como vocês dois bem disseram. As coisas mais preciosas deste mundo parecem ser aquelas que todos consideram garantidas, tão naturais que ninguém sequer percebe o quanto são gratificantes. Embora ninguém perceba sua existência, na minha opinião a coisa mais importante é o ar. Mesmo que o Sol desaparecesse e a água secasse, ainda seríamos capazes de viver alguns dias. Mas, se não houvesse ar, morreríamos em menos de um minuto. Só percebemos o quanto ele é uma bênção quando alguém nos lembra. Nós, pardais, somos gratos pelo ar com o qual enchemos os pulmões quando voamos no céu. Mesmo os peixes na água são gratos pelo ar ao virem à superfície respirar quando precisam. Ah, mas em comparação com eles, os seres humanos, como são arrogantes. Acreditam que são capazes de voar de avião graças à sua inteligência. Mas não é assim. Seus aviões conseguem voar porque existe o ar. O ar não pede nada em troca, um centavo sequer, nem a nós, pardais, quando voamos, nem aos humanos com seus aviões. Nós, pardais, somos gratos pelo ar, mas nunca vi os humanos demonstrarem essa gratidão."

Ao ouvir essa conversa dos três pardais, Tarô sentiu muita tristeza e ficou profundamente pensativo. Ele havia aprendido que os humanos eram os reis da criação, os maiores de todos, mas nunca ouvira uma conversa como aquela dos pardais. Nunca sentira gratidão pelo Sol, pela água ou pelo ar. Como os huma-

nos eram tolos e ignorantes, pensou ele. Eram inferiores aos pardais.

Ao pensar nisso, Tarô subiu os degraus num impulso. Surpreendidos pelo movimento brusco, os três pardais se assustaram, voaram e desapareceram de vista. Tarô foi até o homem velho que vivia no templo e contou-lhe o que acabara de ouvir. Começou a chorar e então disse ao homem velho que, ao ver como os humanos eram tão tolos, desejaria ter nascido pardal em vez de humano.

Então o homem velho respondeu: "Tarô, que ótimo que você percebeu. Os humanos são tão tolos que perderam de vista as coisas mais importantes. Mesmo assim, somos perdoados por nossos pecados por amar-nos uns aos outros. Os humanos são repugnantes, mas por mais que nos concentremos em nossa feiura, ela não vai desaparecer. Deus deu aos humanos a força mágica chamada amor para perdoar nossos pecados e eliminar nossa feiura. E graças à existência do amor, com seu poder místico, os humanos têm permissão para continuar sendo os reis de toda a criação."

5
O Amor Não Tem Inimigos

O amor é a maior força; o amor não tem inimigos. Assim, eu gostaria de falar agora a respeito de como o amor é invencível.

Os seres humanos enfrentam muitas adversidades ao longo da vida. Ou seja, os seres humanos passam por uma série de aprimoramentos de sua alma nessas circunstâncias. Isso na verdade foi predeterminado. Quais são essas dificuldades? Em termos simples são doenças, pobreza, reveses. Também ocorrem decepções amorosas, fracassos nos negócios, amizades rompidas e separação de pessoas amadas. Ou reencontrar alguém de quem não gostamos. Além disso, as pessoas envelhecem, sua aparência vai se degradando, elas perdem a capacidade de controlar o próprio corpo e suas funções e, por fim, acabam morrendo.

Se olharmos para esses fenômenos apenas como meros acontecimentos, a vida pode parecer repleta de dor e tristeza. Mas há um sentido para nossas aflições e sofrimentos; eles nos levam a fazer uma escolha. E qual é ela? Refiro-me à escolha que cada um de nós deve fazer entre levar uma vida que se doa para os outros e uma vida que somente recebe dos outros.

A essência do amor é "dar". Amar é compartilhar o que Deus nos deu, em vez de ficar com isso só para nós. O amor de Deus é infinito. Não importa quanto amor você dê aos outros, não há um limite para isso, porque Deus nos provê continuamente com Seu amor.

A essência do amor é, antes de tudo, o ato de "dar". Por favor, entenda bem este ponto.

Para quem está sofrendo por amor, ouça bem: Por que você sofre? Por que sofre por causa do amor? Por que dar amor aos outros faz você sofrer? Eu digo: Não espere nada em retribuição. Esperar algo em troca não é o verdadeiro amor. O verdadeiro amor é o "amor que se dá". O amor que se dá é amor incondicional. Na verdade, o amor que você dá não é seu; o seu amor foi-lhe dado por Deus. Devemos amar outras pessoas a fim de fazer esse amor retornar a Deus.

A causa do seu sofrimento está na crença de que, apesar de você amar alguém, essa pessoa não ama você. Mas não é assim: não é que a outra pessoa não ame você. Na realidade, a questão é que você sente que não está sendo amado o tanto que esperava ser. É por isso que as pessoas sofrem por amor. Mas a retribuição pelo seu amor não vem de outra pessoa, vem de Deus.

E qual é a retribuição que vem de Deus? É que quanto mais você dá amor, mais você se torna uma pessoa cada vez mais próxima de Deus. Essa é a retribuição de Deus. Pense na verdadeira natureza de Deus. Ele provê amor e misericórdia infinitos a todas as criaturas sem pedir nada em troca, simplesmente da mesma maneira que o Sol derrama sua luz brilhante sobre todos, sem distinção. Até mesmo a vida de cada um dos seres humanos é a energia que lhes foi concedida por Deus, sem ser cobrado um único centavo por isso.

Sendo assim, comece doando. Doar significa viver cada dia pensando em maneiras de dar felicidade ao maior número possível de pessoas. Significa atingir com a luz do amor o coração do maior número possível de pessoas perdidas. É também ajudar o maior número possível de pessoas a se recuperarem de suas dificuldades e fracassos na vida, para que possam levar a vida com sabedoria e coragem.

Doe com sabedoria. Doar não significa necessariamente prover coisas materiais ou dar de maneira obsessiva. A doação real é uma maneira de nutrir de fato as outras pessoas, e para isso você precisa de sabedoria. Portanto, por que não levarmos uma vida de doação – uma vida de dar amor incondicional às pessoas –, com sabedoria e coragem?

O amor não tem inimigos. O amor é invencível. Pois o verdadeiro amor é o "amor que se dá", ou amor incondicional; é um poder infinito que não permite que nada resista a ele. O amor é um grande rio que flui de uma nascente infinita rio acima para o infinito rio abaixo. E ninguém pode resistir a esse grande rio. É justamente porque o amor é a força de dar tudo e de levar tudo embora que nenhum mal neste mundo pode continuar resistindo a ele para sempre.

6
Os Estágios de Desenvolvimento do Amor

Até aqui abordei vários aspectos do amor. Também mencionei que o verdadeiro amor é o "amor que se dá", um amor incondicional. O próximo ensinamento verdadeiro sobre o amor que me sinto obrigado a abordar a essa altura é o dos "Estágios de Desenvolvimento do Amor". Sim, o amor também tem estágios de desenvolvimento, mas tenho certeza de que poucos no mundo terreno sabem disso.

O primeiro estágio é o do "amor fundamental". Esse estágio pode ser considerado como o do amor na sua forma mais típica. É o amor dos pais pelos filhos e o dos filhos por seus pais; o amor de um homem por uma mulher e vice-versa; o amor que um amigo sente pelo outro e, indo mais além, o amor, pelo próximo. De uma perspectiva mais ampla, o amor fundamental inclui o amor pela comunidade e pela sociedade em geral. O amor fundamental não deixa de ser uma forma do "amor que se dá". A base desse amor vem do sentimento que você tem pelas pessoas por quem naturalmente tem interesse. Amor fundamental, portanto, é o ato de ter afeto por essas pessoas. É a forma de amor mais básica e mais comum, e na realidade é bastante difícil de praticar.

Esse mundo terreno com certeza se tornará um Paraíso se for preenchido com amor fundamental. O amor fundamental é uma forma de amor que se espera que todo mundo pratique e cuja beleza todos têm a capacidade inata de apreciar. Isso porque os humanos são, por natureza, projetados para sentir felicidade quando se trata de amor.

A questão aqui não é apenas compreender o que é o amor fundamental, mas de que maneira você deve colocá-lo em prática. Se esse amor fundamental fosse praticado de maneira genuína, o mundo terreno, apesar de continuar sendo da terceira dimensão, poderia se transformar num Reino dos Bondosos da quinta dimensão do Mundo Real. Portanto, a concretização desse amor fundamental é o primeiro passo para criar o Paraíso na Terra.

O segundo estágio de desenvolvimento do amor é o do "amor que nutre". Enquanto o amor fundamental pode ser praticado por qualquer um, a questão está em colocá-lo ou não em prática; nem todo mundo tem condições de praticar o amor que nutre. Porque apenas pessoas competentes conseguem nutrir outras. A não ser que você, com seus talentos e com seu esforço, tenha se desenvolvido firmemente e alcançado um grau que lhe permita orientar outras pessoas, não será capaz de fazê-lo de fato. O que isso significa é que o amor que nutre é o amor capaz de guiar pessoas. Portanto, antes de praticar esse amor, você precisa primeiro construir uma personalidade excepcional, pois um cego não pode conduzir outro.

Assim como a água de um rio flui da nascente e desce pela correnteza, o amor que nutre também flui de cima para baixo. O amor que nutre é um amor intelectual, um amor racional. Você não conseguirá de fato guiar os outros a não ser com um grau de inteligência que lhe permita penetrar na verdadeira natureza das pessoas e da sociedade e, usando uma racionalidade excepcional, o torne capaz de ações que lidem com as principais causas dos problemas existentes. Às vezes, esses praticantes do amor que nutre precisam chamar a atenção e "repreender com rigor" aqueles que estão prestes a regredir espiritualmente, para levá-los de volta à direção correta. Se não, dificilmente conseguirão nutrir as pessoas no verdadeiro sentido. Portanto, podemos dizer que o amor que nutre é o amor do Reino da Luz da sexta dimensão do Mundo Real. Existem, é claro, líderes na Terra que são capazes de praticar esse amor. Isso significa que o coração deles já está sintonizado com a sexta dimensão.

O amor fundamental é o ato de expressar afeto pelas pessoas que naturalmente estimamos, enquanto o amor que nutre é o ato de guiar outras pessoas depois de desenvolvermos uma grande competência. Ambas são formas maravilhosas de amor. No entanto, apenas o amor que nutre não é suficiente, pois, se a intenção for realmente de nutrir apenas, qualquer um que tenha um nível mais alto de talento ou inteligência que os demais poderá praticá-lo. Mas há outro estágio do amor que vai além do talento, do intelecto ou da aplicação de esforço. É o terceiro estágio: o do "amor que perdoa".

Os praticantes do amor que perdoa já terão dado um grande salto para alcançar um estado de espírito religioso, pois esse estado só pode ser alcançado por aqueles que transcenderam o bem e o mal e se dedicam a cumprir sua missão. Isto é, as pessoas que alcançaram esse estado já despertaram e compreenderam que os que vivem na terceira dimensão do mundo material estão espiritualmente cegos, buscando seu caminho sem nenhum senso de direção, no escuro. Para alcançar esse estado de praticar o amor que perdoa, você precisa ter passado por um despertar espiritual que o tenha feito compreender sua própria insensatez e se arrepender. Apenas as pessoas que encontraram a luz por meio do próprio sofrimento podem identificar as vendas que cobrem os olhos das outras e amar a natureza búdica que reside nelas. Esse estado de amor que perdoa costuma aparecer apenas depois que você desenvolve grande magnanimidade e grandeza de caráter, depois que você adquire virtudes – qualidades mais elevadas que os talentos.

Justamente pessoas que de fato compreenderam e são capazes de ver a verdadeira natureza dos seres humanos como filhos de Buda ou como uma parte de Deus conseguem ver a natureza búdica que reside no interior daqueles que aparentam ser seus inimigos (Sabedoria de Prajna). Ou seja, esse estado de amor que perdoa é o estado dos *bodhisattvas*. Os praticantes desse amor que perdoa são mensageiros da sétima dimensão, e o coração deles está sintonizado com o Reino dos *Bodhisattvas* do Mundo Real.

Mas o amor que perdoa ou amor dos *bodhisattvas* nunca deve ser entendido erroneamente como amor que tolera as atividades dos demônios ou que os ajuda. Os demônios são seres que bloqueiam o amor que Deus dá aos humanos, e sua própria existência é a antítese do amor. Para enfrentar os demônios, os *bodhisattvas* os combatem por meio da "fé", da "ira sem ego" e da "ira no estado de vazio". Na realidade, alguns demônios só conseguem entrar pelo portal do perdão quando se convencem de que nunca irão vencer Buda (Deus). Por isso, o amor que perdoa às vezes requer uma abordagem ativa.

Na próxima seção, vou falar sobre estados de amor ainda mais elevados.

7
Amor Encarnado e Amor de Deus

Que forma de amor poderia ser mais elevada que o amor que perdoa? Eu a chamo de "amor encarnado". Essa forma de amor não se trata mais do amor de uma pessoa por outra; ela transcende até relações de *status* ou posição hierárquica.

O amor encarnado é corporificado por uma pessoa cuja própria existência neste mundo – ou cuja presença momentânea em sua vida – ajuda você a superar seus problemas e alcançar a iluminação, mudar sua vida por completo ou redirecionar seu coração para o caminho correto. A passagem casual de uma pessoa assim na Terra é suficiente para iluminar o mundo e acender uma chama de esperança na humanidade em sua época. Essa pessoa ama, mas não porque ame uma pessoa em particular, ou por pronunciar belas palavras, ou por ser bondosa; sua própria presença é amor, e sua personalidade é o próprio amor. Chamemos indivíduos assim de "amor encarnado em pessoa". Com certeza houve várias pessoas com esse brilho resplandecente ao longo da história da humanidade.

Se considerarmos o amor que perdoa como o amor de líderes religiosos de elevada virtude, então o amor encarnado seria o amor de grandes personalidades que se destacaram na história humana; elas são a luz deste mundo e o próprio espírito de sua era. Seu amor não é o que acontece entre duas pessoas; é o amor de uma pessoa por muitas, ou um amor que se irradia em todas as direções. Em outras palavras, elas são a própria luz, ou a corporificação da luz.

Talvez você já intua qual é o estado de elevação espiritual a que esse amor pertence – sim, este amor pertence ao Reino dos *Tathagatas* da oitava dimensão. Quem alcança essa magnitude de se tornar amor encarnado em determinada era é um *tathagata*, e o próprio fato de ter nascido na Terra é uma grande misericórdia pela humanidade. A misericórdia é uma luz de amor que ilumina amplamente a todos e a todos os lugares. Não é um amor relativo, cuja intensidade varia dependendo da pessoa a quem é dado. A misericórdia é, em termos simples, um amor absoluto e imparcial.

Assim, o "amor fundamental" corresponde à quinta dimensão; o "amor que nutre", à sexta; o "amor que perdoa", à sétima; e o "amor encarnado", à oitava – ao dividirmos o amor em estágios, chegamos a essa conclusão. É suficiente que você saiba que esses estágios do amor são suas metas de amor no treinamento espiritual. Claro que existe também o amor da quarta dimensão, que é o "amor instintivo". Nosso coração pode também sintonizar-se com o Inferno ou com o Reino Póstumo (Reino Astral), dependendo da nossa maneira de lidar com nossos instintos, mas esse não é um amor que possa ser colocado como meta em nossa disciplina espiritual.

A forma mais elevada de amor para a humanidade no planeta Terra é a da nona dimensão. Esse amor é conhecido como a corporificação de Deus ou o "amor de

Salvador". Não recomendo que as pessoas tenham como meta atingir esse estágio de amor em seu treinamento espiritual, porque é o amor daqueles que foram escolhidos por Deus (Buda) como Seus instrumentos ou como representantes supremos. Quando um líder religioso desencaminhado tenta pregar o amor de Salvador, o que o aguarda após a morte não é o mundo da nona dimensão, mas o Inferno Sem Fim, nos fossos mais profundos do Reino do Inferno da quarta dimensão. O ato de pregar as palavras de Deus (Buda) de modo incorreto é considerado um crime terrível no Mundo Real, mais grave que homicídios e assaltos, pois corrompe até a alma eterna das pessoas, que é mais preciosa que a própria vida delas na Terra.

Portanto, devemos nos contentar em simplesmente saber que existe o amor de Deus (ou a grande misericórdia de Buda) acima do amor encarnado, o grande amor de Deus (Buda) que guia a humanidade, o amor que deseja para a nossa evolução.

Para resumir, os estágios de desenvolvimento do amor são: o amor instintivo, que não requer nenhum esforço; o amor fundamental; o amor que nutre; o amor que perdoa; e o amor encarnado, que podem ser uma meta dos nossos esforços; e, finalmente, o amor de Deus, da nona dimensão, que transcende o coração humano.

8
O Amor e os Oito Corretos Caminhos

No Capítulo Dois, apresentei os Verdadeiros Oito Corretos Caminhos, e agora acabei de discutir os estágios de desenvolvimento do amor. Portanto, eu gostaria de explicar as relações entre esses dois ensinamentos. Quanto aos Verdadeiros Oito Corretos Caminhos, afirmei que existem oito caminhos a serem seguidos para que os seres humanos vivam corretamente. Do mesmo modo, são materiais diários para a iluminação, bem como os caminhos para a iluminação. E também expus os estágios de desenvolvimento do amor – amor fundamental, amor que nutre, amor que perdoa e amor encarnado –, que são os quatro estágios ou níveis a serem alcançados em seu treinamento espiritual.

Na comparação entre esses dois, os Oito Corretos Caminhos são o método para praticar sua disciplina espiritual diária; seu foco é a sua iluminação cotidiana. Já os estágios de desenvolvimento do amor constituem metas a médio ou a longo prazo a serem alcançados à medida que você os pratica no seu dia a dia. Assim, se traçarmos uma relação entre os Oito Corretos Caminhos e os estágios de desenvolvimento do amor em nossa busca de iluminação, poderemos chegar à seguinte conclusão:

1. A Correta Visão e a Correta Expressão levam ao "amor fundamental";
2. A Correta Ação e a Correta Vida levam ao "amor que nutre";

3. O Correto Pensamento e a Correta Dedicação levam ao "amor que perdoa";
4. A Correta Mentalização e a Correta Meditação levam ao "amor encarnado".

Vou explicar o sentido de cada uma dessas afirmações. A primeira delas: de que maneira a Correta Visão e a Correta Expressão levam ao amor fundamental? O amor fundamental é o amor por uma pessoa com a qual você naturalmente se importa. Mas, para ter um afeto adequado em relação a essa pessoa, você precisa começar tendo uma visão correta dela, à luz de uma fé correta. Precisa ser capaz de distinguir o certo e o errado. Desprovido de quaisquer ideias preconcebidas, precisa olhar para os outros de maneira correta, vendo-os exatamente como são, saber o que querem agora e quais são as dificuldades que enfrentam. Depois que você se sente capaz de ver os outros corretamente, deve passar a falar corretamente. Ou seja, oferecer bons conselhos, em vez de palavras prejudiciais. Usar palavras que aquecem o coração da pessoa ou as palavras certas, que ajudem a pessoa que está sofrendo a se recuperar.

Em seguida, a Correta Ação e a Correta Vida levam ao amor que nutre. A Correta Ação significa tomar o curso de ação certo. Nos tempos do Buda Shakyamuni, isso significava observar os preceitos a fim de evitar cometer qualquer pecado físico. Por exemplo, os seguidores eram instruídos a não matar nenhuma criatura viva, inclusive humanos (não matar), não roubar nada (não roubar) e não ter relações sexuais exceto com o cônjuge (não cometer adultério). Em termos modernos, a Correta Ação significaria evitar violência, roubo e adultério, e esforçar-se para melhorar o próprio padrão moral como membro de uma sociedade. Significa também agir com o adequado respeito aos direitos e à personalidade das outras pessoas. À medida que você refina seus modos como membro da sociedade, você se torna capaz também de conscientizar outras pessoas.

A Correta Vida significa viver sua vida corretamente em todos os aspectos, ou seja, ter um estilo de vida decente. Significa evitar qualquer profissão ou meio de ganhar a vida que vá contra a Verdade Búdica e que leve você à corrupção (participar de gangues, ganhar a vida com a indústria ilegal do sexo ou realizar qualquer matança desnecessária de animais), afastar-se do uso excessivo de álcool, jogos e apostas que envolvam dinheiro, entre elas as corridas de cavalos ou de motociclismo, assim como evitar drogas e fumo, que causam danos à saúde. Tampouco é considerada uma Correta Vida a pessoa ser perseguida por credores por ter contraído grandes dívidas. Além disso, os seres humanos não conseguem viver isolados; recebemos apoio de várias pessoas, vivemos em comunidades compostas por todo tipo de pessoas e nutrimos uns aos outros. Assim, é justamente na Correta Vida, isto é, na vida correta de fé é que existe a oportunidade de ajuda mútua ou de praticar o amor que nutre. Existe o espaço de interação para as pessoas guiarem umas às outras. Em outras palavras, quanto mais pessoas se esforçarem para criar utopia no lar e praticar a Correta Vida, mais perto este mundo estará do Céu. Assim, praticar a Correta Ação e a Correta Vida leva principalmente a praticar o amor que nutre.

Terceira afirmação: o Correto Pensamento e a Correta Dedicação levam ao amor que perdoa. Primeiramente, o Correto Pensamento significa ver seu relacionamento com outras pessoas por meio de olhos verdadeiros e tentar fazer ajustes para melhorar esses relacionamentos, evitando ser iludido pelos Três Venenos do Coração (gana, ira e ignorância) ou pelas Seis Grandes Tentações (os Três Venenos do Coração[3] mais orgulho, desconfiança e visão errônea).

Em vez de ser iludido pela imagem das outras pessoas como fenômenos que se manifestam neste mundo terreno, forme em seu coração a verdadeira imagem delas – a de quando habitavam o Mundo Real – e, com base nisso, considere qual é o tipo certo de relacionamento que deve ter com elas. Se você detectar quaisquer ideias equivocadas em seu coração, arrependa-se e procure corrigi-las. Então, como filhos de Buda que vocês dois são, contemplem como cada um de vocês deveria ser. Com certeza você também verá pessoas tentando ajudar umas às outras e buscando criar uma grande harmonia. Quando você consegue pensar da maneira correta, seu coração estará sempre tolerante e você desenvolve um coração rico, capaz de acolher todo mundo e todas as coisas. Assim, refinando a si mesmo até alcançar esse nível, seu coração progredirá de modo natural até o estágio do amor que perdoa.

O mesmo ocorre com a Correta Dedicação. Conseguir a Correta Dedicação em seu avanço pelo caminho rumo à Verdade significa empenhar seu coração num estudo sério para assimilar a Verdade Búdica. Com isso, esforçando-se para evitar tentações e preencher seu coração com bons pensamentos, seu estado de iluminação se aprofundará a cada dia. Quando você tem a Correta Dedicação no caminho para Buda, sua virtude se multiplica e você passa a não sentir mais raiva, a não se queixar, a não ficar insatisfeito ou ter ciúmes em seu coração; uma vida baseada no Correto Pensamento aflora literalmente, e então surge um mundo de grande harmonia na Terra. Em outras palavras, você será capaz de manter uma mente inabalável o tempo todo e terá o poder de purificar até mesmo os pecadores. Portanto, quanto mais você pratica a Correta Dedicação, mais profunda será sua compreensão religiosa, e isso por si só aumentará sua capacidade de exercer o amor que perdoa.

Quarta afirmação: a Correta Mentalização e a Correta Meditação levam ao amor encarnado. A Correta Mentalização consiste em concentrar seu coração para viver de acordo com a Verdade Búdica. É acalmar seu coração, planejar de modo correto seu futuro e rezar corretamente pela sua correta autorrealização. E o que significa a correta autorrealização para aqueles que estão buscando a Verdade Búdica? Significa alcançar a perfeição humana como filho de Buda. O estado de tornar-se uno com Buda, a unicidade com Buda, em outras palavras, é o estado de *tathagata*. É o estado mais elevado ao qual um ser humano pode chegar. A própria presença de uma figura assim significa para as pessoas ter alguém nobre para respeitar; sua própria existência serve como uma luz brilhante para todas as pessoas. É isso o que a Correta Mentalização almeja, e é a meta derradeira de uma vida correta.

A Correta Meditação, ou entrar em estado meditativo do modo correto, é o estágio mais elevado para as pessoas religiosas e para aqueles que buscam a Verdade Búdica. Desde tempos remotos, os líderes religiosos têm praticado diferentes métodos de concentração espiritual – como ioga, zen, contemplação e meditação reflexiva –, num esforço para se comunicar com os espíritos superiores. Existem três estágios da Correta Meditação: o primeiro é a comunicação com seu Espírito Guardião em meio às suas práticas de reflexão diárias. No segundo, ocorre a comunicação com os Espíritos Guias, para que você possa receber orientação a fim de cumprir sua vocação sagrada. No estágio final, você entra em contato com os Espíritos Guias de Luz das dimensões superiores, os espíritos do Reino dos *Tathagatas*.

O coração do ser humano consegue se sintonizar com três mil mundos; quando você atinge a iluminação de um *tathagata*, pode comunicar-se com os Grandes Espíritos Guias do Reino dos *Tathagatas* durante a Correta Meditação. Não há um único *tathagata* da oitava dimensão nascido num corpo físico que não tenha recebido orientação direta ou indireta dos Grandes Espíritos Guias de Luz das dimensões superiores. No mínimo, receberam inspirações enquanto desempenhavam suas missões. Não há dúvida a respeito disso.

Em síntese, o pré-requisito para alcançar o estágio do amor encarnado é ter entrado no estado meditativo corretamente e ter atingido a libertação, alcançando assim o perfeito estado da correta concentração.

Em outras palavras, o que descrevi até aqui é que os Oito Corretos Caminhos também têm estágios em termos de seu treinamento espiritual. A reflexão por este ensinamento fica mais fácil se você a divide em quatro estágios e pratica um por vez, começando pela Correta Visão e Correta Expressão, seguidas pela Correta Ação e Correta Vida, depois pelo Correto Pensamento e Correta Dedicação, e finalmente pela Correta Mentalização e Correta Meditação. Essa ordem é diferente daquela que o Buda Shakyamuni ensinou, mas é efetiva para quem se inicia na Verdade[4]. Podemos dizer que isso equivale a praticar o amor em estágios; depois que você aprendeu a praticar o amor fundamental, pode tentar praticar o amor que nutre; depois que passar desse estágio será capaz de tentar o estágio do amor que perdoa; por fim, poderá alcançar o nível do amor encarnado. Sem ter praticado a Correta Visão e a Correta Expressão, não é possível praticar adequadamente a Correta Ação e a Correta Vida, tampouco as próximas etapas do Correto Pensamento e Correta Dedicação, bem como da Correta Mentalização e Correta Meditação. Do mesmo modo, não se consegue dominar o amor que nutre, o amor que perdoa e o amor encarnado antes de ter dominado o amor fundamental. Em ambos, o primeiro estágio é o mais importante de praticar.

9
O Amor dos Anjos

Agora, vamos desviar nossa atenção dos humanos, que recebem o amor e tentam praticá-lo, para aqueles que fornecem esse amor. Vou tratar agora do amor dos anjos no Mundo Espiritual mais elevado. Em geral, aqueles que chamamos de anjos são espíritos que vivem na parte superior do Reino da Luz da sexta dimensão e acima dela. Isto é, são divindades celestiais, *bodhisattvas* da sétima dimensão, *tathagatas* da oitava dimensão, e grandes *tathagatas* da nona dimensão, também conhecidos como Grandes Mestres ou Grandes Espíritos Guias de Luz do nível supremo.

Cada um tem sua maneira de suprir amor, ou de manifestá-lo, no Mundo Real. Os *arhats* (anjos de luz) da sexta dimensão manifestam seu amor de três maneiras: a primeira é como divindades guardiãs das pessoas na Terra; a segunda é agentes que salvam os espíritos que estão no Inferno; a terceira é como educadores de espíritos do Reino dos Bondosos da quinta dimensão.

Os *bodhisattvas* de luz (anjos) da sétima dimensão expressam seu amor de quatro maneiras. A primeira é a dos líderes; eles nascem na Terra para se tornar líderes de uma religião ou de outros campos e para guiar as pessoas. A segunda é servindo; eles prestam assistência ao trabalho de Grandes Espíritos Guias do Reino dos *Tathagatas*. A terceira forma é como os responsáveis na salvação dos espíritos do Inferno. A quarta é como supridores de luz do Mundo Real; a Luz de Buda é fornecida aos mundos da sexta dimensão e dimensões abaixo dela por intermédio dos *bodhisattvas*.

Os *tathagatas* (arcanjos) da oitava dimensão expressam seu amor de cinco maneiras. A primeira é ao pregar novos ensinamentos religiosos neste mundo; eles nascem a intervalos de centenas de anos para dar início a uma nova religião ou para se tornarem grandes reformadores religiosos. A segunda é como instrutores de *bodhisattvas*; cada *tathagata* guia dezenas de *bodhisattvas*, e todos os *bodhisattvas*, sem exceção, têm um *tathagata* como seu professor. A terceira maneira é como comandantes de legiões que lutam contra os espíritos satânicos do Inferno e tentam convertê-los. A quarta é especializando-se e difundindo uma das cores prismáticas da luz de Buda (por exemplo, a luz do amor). A quinta é o amor criativo dos executores de planos para uma nova civilização.

O amor dos grandes *tathagatas* de luz ou Grandes Espíritos Guias de Luz da nona dimensão abrange todas as formas de amor, mas seu amor pode ser classificado em seis tipos principais. O primeiro é o amor de Salvador, que nasce neste mundo a intervalos de milhares de anos para fundar uma religião global e purificar o mundo. O segundo é o amor dos instrutores que oferecem orientação a partir do Mundo Real para os salvadores nascidos na Terra. O terceiro é o amor de impulsionadores da evolução da humanidade. O quarto é como uma fonte de uma das sete cores da luz de Buda; é o amor de fornecedores de luz personificada aos mundos da oitava dimensão e inferiores. O quinto é o amor dos reguladores, que mantêm a ordem no Mundo Real; eles servem como modelos ou gabaritos para avaliar o quanto as almas têm progredido em seu estado do coração. Por fim, o sexto é o amor de responsáveis máximos por formular planos para a Terra, como parte dos planos mais amplos para o Universo.

10
O Grande Rio do Amor

Até aqui, abordei vários aspectos do amor dos humanos e dos anjos. Flui não apenas por este mundo da terceira dimensão, mas também pelo mundo multidimensional da quarta dimensão e acima. Podemos dizer que ele é vida que corre como um rio poderoso; é como um fluxo de água da vida rápido e contínuo. De fato, quando olho para os mundos da nona até a terceira dimensão por meio da visão espiritual, vejo um Grande Rio do Amor, com sua nascente nas dimensões infinitamente elevadas, fluindo da nona dimensão para a oitava, sétima, sexta, quinta, quarta e terceira, como um extraordinário fluxo de energia. Sem dúvida, uma visão espetacular.

O amor, em outras palavras, é um grande rio. É um poder que flui das altas esferas sem ser nunca interrompido; é vida com um impulso que nada pode deter. O amor não tem inimigos. Depois que você realmente vê esse panorama espiritual do Grande Rio do Amor, conclui que nada pode resistir a ele.

Você por acaso imagina o Inferno como poderoso o suficiente para rivalizar com o Mundo Celestial, o mundo de Deus (Buda)? Acha que o Inferno é um mundo tão imenso quanto o Céu? Se assim for, você está enganado. O grande rio chamado amor, que se origina de Deus (Buda), flui das regiões mais elevadas e varre tudo com sua correnteza extremamente forte. A quarta dimensão, da qual o Inferno é parte, fica bem abaixo, perto da foz do rio. Não importa o quanto a água salgada do mar, contendo sais chamados de hegemonia material, desejos, ilusões e mal, tente transformar a água do rio em água salgada: essa água do mar não consegue. Ela não é capaz de ir contra o poder invencível do Grande Rio do Amor, que segue adiante com sua torrente poderosa.

O amor é luz. Assim como nenhuma escuridão pode resistir à luz, nenhum mal vence o amor e nenhum Inferno consegue bloquear o Grande Rio do Amor. O Inferno não é uma força com poder suficiente para resistir ao Mundo Celestial. O Inferno é como células cancerígenas que atingem uma parte do mundo criado por Deus (Buda), mera água salgada tentando se infiltrar na água doce de um rio.

Há muito tempo as pessoas imaginam o Inferno como um mundo de porte igual ao do Mundo Celestial; acreditam que os anjos e os demônios têm a mesma força, mas isso não é verdade. O Céu, ou mais precisamente o Mundo Celestial, estende-se do Reino Astral da quarta dimensão até dimensões muito mais elevadas, enquanto o Inferno é apenas uma porção cheia de lodo na quarta dimensão, uma área obscura onde a luz não chega.

Não há dúvida de que essa porção obscura cresceu o suficiente para abrigar uma população de vários bilhões de almas. Porém, assim como todo gelo derrete sob a luz do Sol, o Inferno está fadado a desaparecer. A influência do Inferno só é superestimada porque o campo espiritual que o Inferno ocupa fica muito próximo do mundo terreno, e isso permite que as vibrações espirituais dos dois mundos se afetem mutuamente.

Mas quais são os elementos que compõem o Inferno? As energias mentais que circulam em torno do Inferno são: a inveja, o ciúme, a raiva decorrente de sentimentos e instintos, as queixas, a insaciabilidade, as insatisfações, o pessimismo, os pensamentos negativos, a indecisão, a covardia, a preguiça, a autorrejeição, o rancor, o ódio, a maldição, a luxúria, a autopromoção, o egoísmo, a maledicência, os falsos elogios, a bipolaridade, o alcoolismo, a violência, a segregação, as mentiras, as falsidades, o materialismo, o ateísmo, o isolamento, o autoritarismo, a ganância em relação a dinheiro, o *status* e a fama, a desarmonia. Todas constituem energias negativas.

Essas energias, no entanto, não são substanciais. No final das contas, o ódio, a inveja, a raiva e a insatisfação, em suma, são causados por ausência de amor. São simplesmente carência da energia do amor.

Ou seja, os espíritos do Inferno estão longe de ser poderosos e de conseguir resistir à luz do Mundo Celestial; são também seres que querem ser amados. Na realidade, os maus espíritos querem muito mais amor. Querem ser bem tratados por muitas pessoas. No fundo, anseiam desesperadamente por amor. Portanto, devem ser vistos como seres infelizes, dignos de pena, que precisam de salvação – são pacientes que sofrem num hospital com uma "síndrome de deficiência amorosa".

Já disse antes que o amor consiste em dar. Mas o Inferno, ao contrário, está cheio de espíritos que desejam algo o tempo todo; querem que os outros façam algo por eles. Não entenderam a essência do amor, passaram a vida pensando em obter o amor dos outros e agora sofrem no Inferno.

Não é tarde demais para dissolver o Inferno. Como podemos fazer isso? Levando todas as pessoas a *despertar para a essência do amor – dar*. Portanto, o que é que você dará primeiro? Dar amor começa com a gratidão. Assim, antes de mais nada, seja grato por ter recebido tudo o que recebeu de Buda. Então, você naturalmente vai querer dar algo de volta ao mundo que Ele criou, por meio da disciplina da retribuição.

Este é o primeiro passo para começar a dar amor aos outros.

NOTAS

1. Aqui a palavra "Deus" refere-se à imagem do Deus Hermes. Daqui em diante neste capítulo, o termo "Deus" usado no sentido cristão significa Senhor El Cantare. (N. do A.)

2. A afirmação de que "Deus é amor" mostra a percepção (iluminação) de que Jesus possuía – a verdadeira natureza do Senhor El Cantare é a de Deus do Amor. (N. do A.)

3. Os Três Venenos do Coração – gana, ira e ignorância – são funções mentais negativas, ou desejos mundanos, que degradam a natureza búdica de uma pessoa. Somados ao orgulho, à desconfiança e a várias visões errôneas, compõem as Seis Grandes Tentações. O Correto Pensamento, como ensinado no budismo tradicional, afirma que as Seis Grandes Tentações são as principais causas que iludem o pensamento correto das pessoas e as levam ao Inferno. Mas, como é sugerido pela expressão "os seres humanos têm 108 desejos mundanos", as funções mentais negativas existem em grande número, portanto não há limite para a profundidade com que devemos praticar o Correto Pensamento. (N. do A.)

4. Recomenda-se aos membros da Happy Science que são especialistas nos aprimoramentos espirituais colocar em prática o conteúdo de "Palavras da Libertação – Ensinamento Búdico: Oito Corretos Caminhos", o 5º sutra do nosso livro de sutras fundamental *Ensinamento Búdico: Darma do Correto Coração*. (N. do A.)

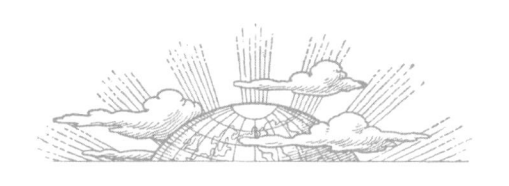

CAPÍTULO QUATRO

O GRAU MÁXIMO DE ILUMINAÇÃO

1
O Que É Iluminação

A *Iluminação* é algo que os seres humanos sempre procuraram ao longo das eras. Mesmo que não saibamos exatamente do que se trata, descobrimos que temos o desejo de desenvolver e melhorar a nós mesmos em nossa busca de iluminação. Não há como negar isso. Embora a iluminação costume estar associada à religião, também na filosofia existe um intenso impulso fundamental de alcançar a iluminação. No âmbito da filosofia, esse desejo é a vontade de chegar à Verdade, o anseio de compreender os mistérios e o funcionamento do mundo de uma maneira intelectual e racional.

Podemos ficar discutindo se o confucionismo é uma religião ou não, mas sem dúvida Confúcio ensinou uma forma de alcançar a perfeição humana e o estágio final de perfeição moral. Em outras palavras, Confúcio tentou guiar os seres humanos a atingir a iluminação de um ponto de vista educacional, ensinando-lhes o Caminho.

Neste capítulo, eu gostaria de me concentrar principalmente na iluminação religiosa, que abrange o desejo filosófico de encontrar a Verdade e o caminho para chegar à perfeição humana num sentido moral. O ponto crucial na iluminação religiosa é que ela é discutida em conexão com Buda. Isto é, iluminação significa tornar-se mais próximo de Buda à medida que exploramos e descobrimos os princípios do mundo que Ele criou. Nesse sentido, não há limite para a iluminação. Dito de outro modo, você nunca, por toda a eternidade, poderá dizer que "alcançou plena iluminação", pois, por mais que se esforce, é praticamente impossível desvendar por completo o Mundo Real. E também porque você precisaria de um esforço eterno para chegar perto de Buda.

No entanto, há diferentes níveis de iluminação, então você pode afirmar que alcançou a iluminação em determinado estágio. Existe também um máximo para o nível de iluminação que os seres humanos com corpos físicos na Terra são capazes de alcançar. Portanto, gostaria de falar sobre os diferentes estágios que levam os seres humanos ao seu nível mais elevado de iluminação.

De todos os grandes líderes e mestres religiosos do passado dos quais temos registro hoje, quem perseguiu a iluminação com maior empenho foi Sidarta Gautama, ou seja, o Buda Shakyamuni, que pregou as Leis há mais de 2.500 anos na Índia. Desde o tempo em que alcançou a iluminação sob uma árvore Bodhi e se tornou Buda, seu nível de iluminação continuou se elevando até sua morte, aos 80 anos, entre duas árvores Shala, na periferia de Kushinagar. Isso está em vários registros, mas a maioria deles capta apenas fragmentos de sua filosofia, e não revela o real estado de iluminação que ele alcançou.

O mundo do coração é um mistério. Há mais de uma década abri as portas do meu coração e passei a me comunicar com os espíritos em minha camada subconsciente. Nesse período, tive uma compreensão clara daquilo que os santos do passado realmente sentiam e faziam, assim como dos pensamentos que abrigavam e da iluminação que haviam alcançado. O mundo do coração é de fato misterioso. Posso ver com muita clareza o conteúdo da iluminação alcançada pelo Buda Shakyamuni debaixo de uma árvore Bodhi. Embora isso tenha ocorrido há mais de dois milênios, posso senti-la como se estivesse acontecendo neste exato instante.

Neste capítulo, irei me concentrar sobretudo na iluminação do Buda Shakyamuni, ao mesmo tempo que farei uma reconsideração da iluminação no mundo atual. Quero transmitir a sabedoria envolvida na iluminação às gerações futuras, porque a metodologia para alcançar a iluminação é o legado que a humanidade do passado nos deixou e é também a esperança para a humanidade do futuro.

2
O Mérito da Iluminação

Por que razões exatamente os seres humanos se esforçam para alcançar a iluminação? Suponha que você alcançou a iluminação: o que ganha com isso? Antes de lidar com essas questões, precisamos primeiro considerar qual o verdadeiro propósito e missão dos seres humanos. Por que as pessoas nascem na Terra? Por que nascemos com um corpo físico? Esses são os pontos de partida.

Antes de nascer como ser humano, você vivia em plena liberdade como espírito no Mundo Celestial. Ali, você não precisa comer para sobreviver. Não precisa ganhar dinheiro para se sustentar. Não precisa suportar nove meses dentro do ventre da sua mãe, ou chorar toda vez que não consegue entender as coisas quando é criança. Não tem frustrações na adolescência por questões que envolvem a sexualidade, nem conflitos com os pais. Não tem preocupações financeiras nem tensões no ambiente de trabalho. Não vive o desconforto de encontrar alguém de quem você não gosta, nem sofre por se separar de alguém que ama. Não envelhece, nem adoece, não vê sua aparência se degenerar nem sofre por ser abandonado por seus filhos ou netos. Não tem a dor de se separar do cônjuge por motivo de falecimento, nem do medo de sua própria morte, que você fatalmente terá de encarar no mundo terreno. Não há nenhum desses sofrimentos no Mundo Celestial.

No Mundo Celestial, nosso coração pode ser visto com total transparência, como através de uma vidraça. Por isso, quem possui um coração desarmonioso não consegue ficar junto dos demais. Portanto, todos os dias você só encontra pessoas maravilhosas que se entendem bem. Todos se amam e se nutrem. Os espíritos também podem mudar à vontade sua idade e sua aparência, do jeito que preferirem. Quando desejam alguma coisa, só precisam concentrar sua vontade com intensidade para que ela se manifeste diante de seus olhos. Todos levam a sério uma disciplina espiritual dentro de seu nível, a fim de alcançar um despertar mais elevado para a Verdade. Por outro lado, os espíritos desarmoniosos do Inferno nunca podem nascer no mundo terreno como seres humanos, pois têm o coração repleto de pensamentos belicosos e destrutivos, e espíritos com um coração assim não têm permissão de habitar um corpo humano.

O que os espíritos precisam fazer para renascer na Terra? Primeiro, precisam viver no Reino Póstumo (Reino Astral) da quarta dimensão, ou acima dele. Precisam ter um despertar, mesmo que seja bem básico, para a verdade de que são seres celestiais, espirituais e filhos de Buda. Caso contrário, não poderão renascer neste mundo. Aqueles que não tiverem pelo menos completado o nível mínimo exigido de reflexão não têm permissão de reencarnar.

Nesse sentido, renascer na Terra é, desde o princípio, uma espécie de provação para aqueles que estão no Mundo Celestial. E para aqueles que passaram muitos anos no

Inferno e finalmente concluíram sua reflexão, é uma chance para começar de novo como ser humano e tentar mais uma vez. Portanto, este mundo terreno é um campo de treinamento espiritual. Para os espíritos que viviam livremente no Mundo Celestial, nascer com um corpo físico significa, na verdade, ser testado quanto à sua espiritualidade e natureza búdica. Este mundo é um lugar onde o despertar espiritual da pessoa é testado com severidade para avaliar se é de fato genuíno. É fácil acreditar em Buda quando você é espiritualmente livre. Mas, quando você leva uma vida restringida pelas regras do mundo material da terceira dimensão, em que grau consegue compreender as regras da quarta dimensão e acima dela, o poder de Buda, a ideia de que esse poder está em ação neste mundo? Você é testado com rigor nesses pontos, e só quando passa nesse teste é que pode voltar a um mundo acima daquele do qual você veio.

Aqueles que sofreram por um longo período no Inferno, mas por fim alcançaram o estado de reflexão e chegaram ao nível mínimo de iluminação exigido de humanos como filhos de Buda, nascem de novo na Terra com a forte determinação de serem pessoas dignas de apreço. Alguns deles, porém, quando são muito afetados pelas vibrações ásperas do mundo material da terceira dimensão, mergulham fundo nos desejos mundanos e não despertam para a sua verdadeira natureza de filhos de Buda, descendo para uma parte ainda mais obscura do Inferno e perdendo a oportunidade de retornar ao Mundo Celestial.

O mundo material da terceira dimensão, ou mundo fenomênico, é um campo de treinamento severo para a alma. Ao mesmo tempo, porém, há também uma esperança. Todo tipo de pessoa, mesmo aquelas que você jamais iria encontrar no Mundo Real, pode habitar este mundo da terceira dimensão. Aqui você tem a chance de encontrar os mais diferentes tipos de indivíduos, até mesmo um Grande Espírito Guia de Luz encarnado, ou alguém com um coração sintonizado com os demônios do Inferno. Todos nascem na mesma linha de largada, como bebês que revelam ao mundo seu primeiro choro, e têm a mesma chance recomeçar a vida a partir do zero. Assim, o mérito da iluminação está em permitir refazer nossa vida.

3
Métodos para Alcançar a Iluminação

Como, então, deve o ser humano proceder para alcançar a iluminação? Esta é a próxima questão. A iluminação consiste em aprimorarmos a espiritualidade e a natureza búdica como um esforço além do processo de refazermos a vida; quando pensamos em como é possível fazer isso, percebemos que já nos foram dadas várias oportunidades e infinitos caminhos. Quando digo várias oportunidades, refiro-me às diversas formas de aprimoramento espiritual. Não é só o budismo: o cristianismo, o xintoísmo, o confucionismo, o taoismo e o islamismo também têm alguma forma de disciplina espiritual. É por isso que as pessoas que vivem na Terra muitas vezes se sentem perdidas ou dentro de um labirinto quando procuram encontrar o caminho até Buda. E, no final, em vez de tentar descobrir qual método de aprimoramento espiritual devem escolher, acabam presas em dúvidas a respeito de qual religião é a mais verdadeira e correta.

Todas as principais religiões do mundo são, de algum modo, manifestações da Luz de Buda. Deixando de lado as novas associações religiosas locais, as religiões que nunca cessaram de tocar o coração das pessoas há centenas ou milhares de anos têm líderes que continuam obtendo o respeito das pessoas. A vida desses líderes religiosos tem alguma forma de brilho que incorpora a Luz de

Buda. No entanto, esse brilho adquire um tom um pouco diferente em função das circunstâncias de cada época, e da etnia e cultura de cada região em que os ensinamentos são transmitidos. Mesmo assim, os ensinamentos do passado são ensinamentos do passado, e a nova era que vem chegando precisará de novos ensinamentos. A necessidade mais urgente é de novos ensinamentos. É preciso buscar novas formas de aprimoramento espiritual.

Em resumo: as maneiras de alcançar a iluminação são meios de tornar seu estado espiritual integrado ao estado de Buda. São meios para permitir que você viva com o coração de Buda como se fosse o seu; de explorar como viver de acordo com a Verdade. Uma maneira de fazer isso é praticar os Verdadeiros Oito Corretos Caminhos; outra é praticar os Estágios de Desenvolvimento do Amor. Se você deseja seguir uma abordagem budista, recomendo que adote os Verdadeiros Oito Corretos Caminhos como seu guia diário, porque eles ensinam a Verdade Búdica universal. Porque possuem o caminho para a perfeição que você nunca atingirá, por mais que se esforce.

Quantas pessoas são capazes de ver, pensar e expressar-se corretamente? Quantas conseguem agir e viver corretamente? E quantas dominam a dedicação e a mentalização corretas, e entram em um estado de meditação correto, que são os profundos princípios das Leis de Buda? Em suma, os Oito Corretos Caminhos constituem um método específico para alcançar a iluminação, que não se pode dominar nem mesmo em uma vida inteira.

A simples prática do nível introdutório da Correta Visão e da Correta Expressão dos Oito Corretos Caminhos com certeza demanda pelo menos de cinco a dez anos. Depois que você dominar essas duas fases, tente se concentrar em praticar a Correta Ação e a Correta Vida todos os dias. Se executar bem esses quatro caminhos, será capaz de alcançar a iluminação do Reino da Luz da sexta dimensão.

A prática do Correto Pensamento e da Correta Dedicação colocará você no ponto de partida de uma vida religiosa avançada. Se conseguir cultivar um coração que seja resistente como o aço, que lhe permita atravessar quaisquer dificuldades na vida com uma mente inabalável, terá alcançado o estado de *arhat*. O estado de *arhat* é um portal de provação para quem almeja passar do Reino da Luz da sexta dimensão para o Reino dos *Bodhisattvas* da sétima dimensão; é um estado no qual você praticamente conclui o seu desenvolvimento. Mas aqueles que continuam ficando ansiosos com os pequenos comentários que as pessoas fazem a seu respeito, que se enraivecem por questões triviais ou são perturbados pelo desejo de *status* social ou de fama estão ainda afastados do estado de *arhat*. Há muitos líderes de religiões contemporâneas no Japão e ao redor do mundo, mas em primeiro lugar você precisa dar uma boa olhada no coração deles e em suas ações. Alguns se concentram demais em ganhar poderes mediúnicos, outros se aproveitam da fragilidade das pessoas para enganá-las. Alguns até se dedicam a extorquir dinheiro de seus seguidores dirigindo-se a eles com os olhos arregalados e aterrorizando-os, dizendo que cairão no Inferno ou receberão punições divinas, caso contrário. Tais pessoas estão muito distantes do estado de *arhat*, que é o primeiro passo para se tornar um *bodhisattva* de luz. Enquanto o coração do indivíduo estiver perturbado pelo desejo de *status* social, fama, dinheiro ou por desejo sexual, raiva, ódio ou queixas ressentidas, ele nunca poderá ser considerado um líder religioso divino.

O método básico para a iluminação é começar buscando alcançar o estado de *arhat*, quando seu coração não é mais perturbado por assuntos mundanos e está sempre puro e claro, sintonizado com seu Espírito Guardião, sempre em condições de compreender com muita clareza os sentimentos dos outros. A não ser que você consiga atravessar esse portal, não poderá avançar para as etapas seguintes em seu treinamento espiritual ou iluminação. Portanto, procure primeiro alcançar o estado de *arhat*. Na iluminação que transcende esse nível está o mundo daqueles que despertaram para a Verdade genuína.

4
Talidade

Iluminação profunda. Como é o estado mais profundo ainda que o de *arhat*? O estado de *arhat* é quando você estabelece uma fé firme em Buda, desenvolve uma mente inabalável que não oscila diante dos percalços do mundo, recebe orientação de seu Espírito Guardião enquanto vive no cotidiano e consegue ver com clareza os sentimentos das pessoas com as quais convive, como se estivesse enxergando dentro do coração delas.

Em outras palavras, nesse estágio você está bem próximo de se tornar um ser humano completo e alcançar um nível em que pode ensinar e guiar as pessoas comuns a partir de uma abordagem religiosa.

No entanto, mesmo tendo atingido esse grau, você ainda corre o risco de regredir, porque o estado de *arhat* é apenas um estágio no qual você já passou por reflexão suficiente e é capaz de se comunicar com seu Espírito Guardião, que está na sua mente subconsciente; mas ainda não possui uma compreensão suficiente do coração dos *bodhisattvas* de luz. Não captou totalmente os níveis, as variedades e a profundidade dos ensinamentos da Verdade Búdica, portanto ainda corre um alto risco de ser iludido por heresias e falsos ensinamentos.

No caso dos habitantes do Reino dos *Tengus* (um *goblin* de nariz comprido) e *Sennins* (ermitãos) do Mundo do Verso, esse estado pode se manifestar como um nível rudimentar de poder divino, como nas canalizações e outros fenômenos mediúnicos. Mas o que você deve fazer é se esforçar para aprofundar seu estado do amor e da iluminação. Nunca negligencie o estudo da Verdade.

Existe outra razão pela qual as pessoas podem retroceder de seu estado de *arhat*. Fazendo uma analogia, o estado espiritual de *arhat* é como um metal que começa a brilhar depois que a ferrugem é removida de sua superfície. Mas, como está sem aplicação de antiferrugem, se você não polir esse metal com frequência ele enferrujará de novo. Por isso, se não perceber que seu coração está acumulando ferrugem de novo e passar a acreditar que está agindo como se fosse um grande mestre dotado de iluminação, então correrá grande perigo.

Quando seu coração brilha com intensidade, sua superfície está bem polida; por isso, mesmo que quaisquer pensamentos negativos cheguem a você, ele tem o poder de repeli-los. Mas quando se forma ferrugem, sua superfície fica áspera, o que facilita a retenção de diversos pensamentos ou coisas negativas. Então, há seres que cravam estacas nessa superfície áspera e dependuram cordas nela para poder escalar – são os demônios do Inferno. Várias criaturas do mundo da total escuridão subirão por essas cordas que descem até o fundo do Inferno. São criaturas das trevas, como almas penadas, espíritos de animais e até Satanás. Alguns líderes religiosos, apesar de terem alcançado o estado de *arhat*, infelizmente permitem que o mal se insinue no coração deles. E então enganam e desencaminham as pessoas. Essa é a armadilha mais perigosa.

Portanto, é de extrema importância que você remova a ferrugem do seu coração todos os dias e dificulte a formação de novas ferrugens. É preciso poli-lo até deixá-lo limpo e reluzente. Isso é fundamental porque, se seu coração ficar com a superfície irregular devido às ferrugens, a qualquer momento um demônio virá colocar uma estaca nele com uma corda amarrada. Mesmo que você tente fazer de tudo para expulsar o demônio, ele poderá colocar outra estaca pelas costas. Nesse caso, você pouco poderá fazer. Os meros rituais de purificação ou exorcismos não irão salvá-lo de verdade, pois, enquanto você não remover a ferrugem do seu coração, os demônios continuarão se infiltrando, por mais que os expulse com os rituais. Faça seu coração brilhar. É por isso que polir seu coração é tão crucial. E, se possível, aplique produtos como antideteriorante ou antiferrugem no seu coração. É justamente esse antiferrugem que permitirá que alcance uma iluminação ainda mais elevada.

O estado de iluminação acima de *arhat* é chamado de talidade. Trata-se de um estágio em que você é capaz de receber orientação dos níveis mais elevados do Mundo Espiritual, daqueles seres cujo nível espiritual é mais alto que o do seu Espírito Guardião. Em outras palavras, no estágio de *nyoshin* você se comunica espiritualmente com Espíritos Guias, isto é, com os Espíritos Superiores que residem no Reino dos *Bodhisattvas* da sétima dimensão e acima dela. Esse estado espiritual é praticamente irreversível. A não ser em condições muito extremas, não cairá mais nas mãos daqueles que habitam o mundo dos demônios, porque depois que começa a receber orientação de *tathagatas* e *bodhisattvas*, você emite uma luz mais forte, que mantém os demônios afastados. Quando atinge o estado de talidade, você permanece sempre humilde, sem arrogância. Suas preocupações diárias são sobretudo a respeito de como prestar serviço aos outros, como contribuir para o mundo ou salvar aqueles que estão perdidos.

Na maioria das vezes, o que leva as pessoas a uma involução em relação ao estado de *arhat* é a presunção, a vaidade, mas depois que você alcança o estado irreversível da talidade, o egoísmo e o egocentrismo desaparecem, e seu coração permanece sempre sereno. É nesse estágio que você consegue praticar a Correta Mentalização e a Correta Meditação no sentido mais verdadeiro.

O estado de talidade tem outro atributo. Na realidade, à medida que você se aproxima do estado de onividência, torna-se capaz de saber de imediato em que condição se encontra, por exemplo, uma pessoa que está a centenas de quilômetros de distância. Simplesmente ao olhar o nome de alguém, mesmo que esteja no lado oposto do globo, você sabe instantaneamente qual é seu estado espiritual naquele momento, se está ou não sofrendo, e que espíritos o possuem, bem como fatos de sua vida passada, de sua vida há duas e três ou mais encarnações passadas, e as do futuro; no entanto, mesmo assim você deve continuar aprofundando seu amor e lapidando sua sabedoria, para evitar que se limite a desenvolver sua aptidão de clarividência ao estilo dos *sennins* do Mundo do Verso.

5
Onividência

Talidade é o estado espiritual dos *bodhisattvas* que são profundos conhecedores dos segredos do Mundo Espiritual. Ele também leva ao Reino dos *Tathagatas*. Há diferentes níveis de talidade, mas em geral o nível de talidade acima de *arhat* é o do estado espiritual de *bodhisattva*. Um estado não só das pessoas que alcançaram a iluminação no mundo terreno, mas daquelas que compartilham um estado semelhante no outro mundo, o Mundo Real.

Porém, o simples fato de serem espíritos que vivem no outro mundo não significa que saibam tudo. O nível do que eles são capazes de entender ou captar varia, é claro, com o nível de discernimento e de iluminação de cada um. Um exemplo clássico disso é a capacidade de prever o futuro. Qualquer espírito da quarta dimensão ou acima dela do Mundo Real pode prever, em seu respectivo grau de precisão, os acontecimentos futuros. No entanto, quando há pessoas do mundo da terceira dimensão na Terra envolvidas, pode haver distorções, e as predições podem não ser exatas em termos de tempo ou lugar.

Há duas razões para isso. A primeira é que os eventos futuros podem ser de duas categorias: fixos ou fluidos. Os eventos fixos já foram decididos nos reinos elevados do Mundo Espiritual e não podem ser alterados, exceto sob condições extremamente raras. Já os eventos fluidos são aqueles que provavelmente irão acontecer se as causas que os influenciam não mudarem. Portanto, nesse caso podem ser mudados pelos esforços de pessoas na Terra e de seus Espíritos Guardiões ou Espíritos Guias. Assim, os espíritos do Mundo Celestial às vezes fazem previsões que não são precisas.

A segunda razão é que, dependendo dos níveis de consciência e das áreas de força e de fraqueza dos espíritos celestiais, suas previsões também variam no grau de precisão. Em termos gerais, é verdade que quanto mais alto o nível espiritual, mais exata é a previsão. Alguns espíritos até se especializam em prever, como se fizessem disso uma profissão, e, então, a chance é maior de fazerem previsões corretas.

Agora, eu gostaria de explicar o que é o estado de iluminação de onividência *(avalokitesvara)*, mais elevado que o de talidade. O Sutra do Coração começa com a frase *Aryavalokitesvaro bodhisattvo gambhiram prajnaparamita caryam caramano vyavalokayati,* cuja tradução é: "Quando o *bodhisattva avalokitesvara* aprofundou seu estado de aprimoramento espiritual e acessou o tesouro em seu interior". Aqui, *bodhisattva avalokitesvara* não se refere ao nome de uma pessoa em particular, mas ao estado de um *bodhisattva* que alcançou o nível de onividência.

Bodhisattva é o nível das almas que concluíram num primeiro momento o estágio de desenvolvimento individual Hinayana (Pequeno Veículo) e entraram no estágio Mahayana (Grande Veículo), ou seja, almas que se dispuseram a trabalhar na salvação e pretendem salvar toda a humanidade. Mas, mesmo depois de alcançar esse estado de *bodhisattva*, você ainda pode ter preocupações e sofrimentos pessoais, por isso não está sempre em condições de exercer poderes divinos (poder dármico). Porém, à medida que refinar o estado de *bodhisattva* e avançar para atingir o estado de *brahma*, que é o nível mais elevado de iluminação no Reino dos *Bodhisattvas*, será capaz de exercer poderes divinos de modo consistente, mesmo se for afetado por alguma doença leve, pequenos contratempos ou problemas triviais de relacionamento humano. Em termos simples, o estado de *bodhisattva* onividente é o estado de *brahma*, e no Mundo Real refere-se a almas que alcançaram o reino que fica entre o Reino dos *Bodhisattvas* e o Reino dos *Tathagatas*, a zona espiritual que podemos chamar tanto de sétima quanto de oitava dimensão.

Nesse estágio, os espíritos adquiriram, embora talvez ainda não de forma completa, os Seis Grandes Poderes Divinos, que são: Olhos Celestiais, Ouvidos Celestiais, Altermência, Registros de Outras Vidas, Locomoção Divina e Extinção dos Influxos. Vou explicar cada um desses poderes.

Os *Olhos Celestiais* são a habilidade de visão espiritual; é o poder de ver a aura de pessoas vivas ou de ver os espíritos obsessores, ou mesmo ver o outro mundo, o Mundo Real. Os *Ouvidos Celestiais* são a capacidade de ouvir as vozes de espíritos do outro mundo. Uma das formas desse poder é a aptidão de canalizar mensagens espirituais. A *Altermência* é a capacidade de ler o coração das pessoas e compreender os sentimentos alheios. Os *Registros de Outras Vidas* são a capacidade não só de ver o próprio futuro, mas também de ler a Fita de Pensamento das pessoas e compreender seu destino. Obviamente você também terá conhecimento da vida passada delas. A *Locomoção Divina* é às vezes referida como experiência extracorporal; com essa aptidão, a alma se desprende do corpo físico e, fazendo uso do teletransporte, você vê e ouve o Mundo Espiritual, mantendo seu corpo físico na Terra. A *Extinção dos Influxos* é o estado descrito por Confúcio quando declarou: "Segui a vontade do meu coração, mas sem passar dos limites" (*Analectos*). É o poder de transcender todos os desejos mundanos sem deixar que nos controlem. Esse poder é também a aptidão de fazer esforços diligentes e se disciplinar para continuar removendo a ferrugem de seu coração com constância, mesmo depois de ter adquirido poderes espirituais[1].

Chamam-se *bodhisattvas* onividentes aqueles indivíduos que começaram a desenvolver de alguma maneira os mencionados Seis Grandes Poderes Divinos. Eles estão em um estado espiritual mais elevado que o da talidade, que tem um atributo que permite ler o coração de várias pessoas simultaneamente, até mesmo quando elas estão distantes.

6
Um São Muitos — Muitos São Um

Agora, eu gostaria de falar sobre a iluminação alcançada depois que seu aprimoramento espiritual como ser humano atinge o grau máximo, o nível mais profundo do Correto Pensamento, da Correta Dedicação, da Correta Mentalização e da Correta Meditação, ou seja, o estágio de "amor encarnado" nos Estágios de Desenvolvimento do Amor. Colocado de outra forma, nesta seção vou examinar em profundidade a iluminação do Reino dos *Tathagatas*.

Até o estado de *bodhisattva*, a percepção que se tem da alma ainda é de certo modo limitada pelas forma ou aparência humanas. Os espíritos são, na sua essência original, corpos de energia sem forma e inteligência sem aparência. No entanto, depois de nascer incontáveis vezes como seres humanos nos longos anos de reencarnação, muitos espíritos se habituam a ser representados por sua imagem de almas semelhantes a humanos e não conseguem funcionar de maneira livre como faziam originalmente. Em resumo, no Reino dos *Bodhisattvas* da sétima dimensão, os espíritos ainda passam por um aprimoramento espiritual mantendo a forma humana. Os humanos têm dois braços e duas pernas, usam roupas, têm determinado corte de cabelo e traços faciais característicos. Essa é a única maneira pela qual a maioria dos *bodhisattvas* se reconhecem. Eles só se sentem confortáveis tendo uma aparência humana, embora estejam no outro mundo. Assim, apesar de possuírem virtudes elevadas e um grande talento de liderança, seu poder espiritual ainda é limitado por sua "humanidade".

Mas as coisas são diferentes no Reino dos *Tathagatas* da oitava dimensão. Os habitantes desse reino sabem que não são espíritos com formas humanas. Para eles, as formas humanas são apenas lembranças de sua estada em corpos humanos nos seus períodos de reencarnação. Os *tathagatas* sabem que os espíritos na verdade são energia intelectual, ou feixes de luz sem forma; compreendem isso não só a partir de seu conhecimento, mas por meio das experiências reais que têm em sua vida cotidiana.

Suponha que um médium vivendo na Terra desprenda sua alma do corpo físico e faça uma viagem astral, enviando sua alma até o Reino dos *Tathagatas* da oitava dimensão. O que essa alma vê? Para poderem ser facilmente reconhecidos pelas pessoas do mundo terreno, os espíritos do Reino dos *Tathagatas* da oitava dimensão aparecem assumindo a forma humana que utilizavam quando viviam anteriormente na Terra. Eles então convidam o visitante da Terra à casa deles e lhe oferecem café ou vinho, que são muito deliciosos e têm uma fragrância que não pode ser encontrada em nenhuma parte deste planeta. O médium, ao retornar para o mundo terreno, descreveria o episódio da seguinte maneira: "O Reino dos *Tathagatas* da oitava dimensão é realmente impressionante. Os espíritos ali são como deuses, as ruas são pavimentadas com rubis, e as construções são enfeitadas em muitos lugares com diamantes. Suas bebidas têm aromas tão excepcionais que não podem ser encontrados na Terra. A mesa deles era feita de um mármore cintilante e pelos cantos da sala havia quatro magníficas colunas de cristal".

Emanuel Swedenborg, famoso médium e paranormal que viveu na Europa do século XVIII, descreveu sua visita ao Mundo Espiritual de maneira semelhante. No entanto, esse tipo de visão decorre da falta de consciência espiritual de pessoas como ele; se o médium observasse melhor a paisagem daquele mundo, as construções com joias encravadas e as ruas pavimentadas com rubis desapareceriam, e ele veria apenas os *tathagatas* em pé à sua frente, sorrindo. E se observasse com mais concentração ainda, com olhos espirituais, os *tathagatas* também desapareceriam e haveria apenas um concentrado gigante de luz. Ou seja, as joias como rubis, diamantes, entre outras, são simplesmente uma cena de cortesia dos *tathagatas*, bem como uma tradução da imagem do mundo deles em termos da terceira dimensão.

Vemos, portanto, que a iluminação dos *tathagatas* alcançou um estágio em que eles podem se reconhecer como entidades sem forma definida. Assim, se alguém que está vivendo no mundo terreno alcança a iluminação de *tathagata*, muito provavelmente está percebendo a lei do Reino dos *Tathagatas*: "Um são muitos e muitos são um". Colocado de outro modo, no mundo dos *tathagatas* você não consegue reconhecer "um" como algo objetivo. Por isso, o que você identifica como "um" podem ser "10" ou "10 mil", enquanto o que você reconhece como "mil" talvez seja "um". O número que existe lá não é uma verdade absoluta, mas existe apenas em termos de quantidade de funções de uma existência – ou seja, consciência – absoluta. Apenas a consciência que unifica essas funções é capaz de conhecer seu estado verdadeiro.

Vou tentar explicar esse conceito de uma maneira ainda mais simples. Se um *tathagata* tem dez tarefas, ele pode se manifestar como 10 pessoas, e se tem 10 mil tarefas, ele se desdobra em 10 mil *tathagatas*. Entretanto, mesmo que se divida em 10 mil pessoas, persiste uma consciência unificadora que reconhece essas pessoas como uma única entidade.

Kitaro Nishida (1870-1945), fundador da escola de filosofia de Kyoto, no Japão, parece ter sido consciente dessa lei do Reino dos *Tathagatas*, a partir de seu estudo de filosofia. É claro, ele era originalmente do Reino dos *Tathagatas*, e por isso os seres de seu subconsciente lhe falavam da existência desse mundo. A oitava dimensão é um mundo no qual a "autoidentidade absolutamente contraditória" é uma realidade. É o reino onde o que parece ser diverso e contraditório aos olhos pode ser intuitivamente unificado como uma única entidade. É assim que são as coisas no Reino dos *Tathagatas*. Ao que parece, o filósofo Kitaro Nishida experimentou parcialmente a iluminação do Reino dos *Tathagatas* enquanto ainda vivia na Terra.

7
A Iluminação do Reino do Sol

A iluminação do Reino dos *Tathagatas* é caracterizada pelo princípio "um são muitos, muitos são um", que transcende os sentidos corporais humanos. É um estado em que você desperta plenamente para a verdade de que os espíritos são partes da Luz de Buda, um corpo de energia sem forma e uma inteligência sem aparência. Este é praticamente o grau de iluminação mais elevado que os seres humanos vivendo na Terra podem alcançar. O Grupo Espiritual Terrestre tem dezenas de bilhões de espíritos, mas só alguns, menos de 500, residem no Reino dos *Tathagatas* da oitava dimensão. Isso mostra o quanto é difícil se elevar a esse estágio. A iluminação de *tathagata* transcende a dualidade de bem e mal, e chega ao estágio de unificação ou sublação. Portanto, não basta se aprimorar por meio do treinamento de vida; você precisa ter a racionalidade clara e a transcendentalidade penetrante para compreender e assimilar o drama titânico do universo e as leis que o regem.

Quais foram os espíritos do Reino dos *Tathagatas* da oitava dimensão que nasceram no Japão? Além daqueles da era dos deuses, podemos citar o Príncipe Shotoku (574-622), do período anterior às Reformas Taika de meados do século VII, o monge budista Kūkai (774-835), do período Heian, e o já mencionado filósofo Kitaro Nishida, do período Showa. Há alguns mais além deles.

O Reino dos *Tathagatas* da oitava dimensão é formado por menos de 500 *tathagatas*, e se divide de modo geral em quatro níveis. O nível mais baixo é a parte superior do Reino dos Brahmas, habitado por cerca de 40 *tathagatas*. Em seguida vem o Reino Semidivino, com cerca de 120 entidades. Acima deste há o Reino Divino de Luz, que tem em torno de 280 *tathagatas*. E o nível mais elevado da oitava dimensão é o do Reino do Sol no sentido estrito. Num sentido mais amplo, o Reino do Sol inclui o Reino Cósmico da nona dimensão, porém, no sentido estrito do Reino do Sol, há cerca de 20 grandes *tathagatas* que estão a meio caminho entre a oitava e a nona dimensão.

Quem são os grandes *tathagatas* no Reino do Sol? No âmbito do xintoísmo, temos Kamu-Musuhi-no-Kami. No cristianismo, Santo Agostinho e São Tomás de Aquino. Também estão no Reino do Sol Lao-tsé, do taoismo, e Mo-tzu, do moísmo, assim como os filósofos gregos Sócrates e Platão. Do budismo, temos os *tathagatas* Akshobhya e Bhaisajyaguru, além de outros. Maomé, do islamismo, parece estar no Reino Divino de Luz, que fica logo abaixo do Reino do Sol.

Mas que estado de iluminação esses espíritos do Reino do Sol têm em comum? Em poucas palavras, não se trata mais da iluminação de um ser humano. Não é um estado que possa ser alcançado por esforços pessoais; os habitantes do Reino do Sol receberam o *status* de um deus. Você não conseguirá atingir os níveis de iluminação do Reino do Sol e acima dele por meio de aprimoramento espiritual como ser humano. Esses espíritos pertencem às hierarquias dos Grandes Espíritos, e podem ser venerados como Deuses Primordiais na maioria das religiões.

Qual a base de sustentação para afirmar que o nível de iluminação deles está além da iluminação dos seres humanos? É que os espíritos do Reino do Sol se envolvem diretamente no plano de evolução da humanidade na Terra. São principalmente esses espíritos do Reino do Sol que ajudam os Grandes Espíritos do Reino Cósmico da nona dimensão. São eles que planejam, concebem e implantam de maneira tangível as civilizações que florescem na Terra, as inovações na religião e o surgimento de novas eras.

8
A Iluminação do Buda Shakyamuni (1): A Grande Iluminação

Antes de passar para a iluminação do Reino Cósmico da nona dimensão, vou falar da iluminação de Sidarta Gautama, ou o Buda Shakyamuni, que ele alcançou na Índia há mais de 2 mil anos. Aos 29 anos, Sidarta Gautama renunciou ao mundo. Então, aos 35, após seis anos de treinamento ascético severo, interrompeu essa prática e alcançou a iluminação debaixo da árvore Bodhi. Após cerca de uma semana de meditação, entrou em meditação profunda a partir da 1 hora da manhã. Nesse estado, despertou para a Verdade, com os pensamentos que descrevo a seguir.

> *Por muitos anos, praticamente não comi nem bebi. Pratiquei o ascetismo, acreditando que poderia dar um grande salto espiritual e alcançar a iluminação ao mortificar meu corpo físico até seu limite. Já se passaram seis anos desde que saí do Palácio de Kapilavastu, deixando minha esposa, Yashodhara, e meu filho, Rahula, e abrindo mão do desejo de meu pai, o rei Suddhodana, de sucedê-lo no trono. Quando vivia em Kapilavastu, era musculoso e robusto, e hábil nas artes militares e nas literárias. Mas, olhe para mim agora: minhas costelas estão saltadas, meus olhos encovados e estou praticamente em pele e osso. Se torturar o corpo fosse o propósito do*

treinamento da alma em vida, o próprio fato de encarnar em um corpo físico não seria um erro? Se o Buda Original² quisesse que os seres humanos negassem o corpo físico, isso significaria que aqueles que cometem suicídio são os mais despertos.

"Mas o que podemos alcançar com o suicídio? Todas as regras do Grande Universo seguem a cadeia de causa e efeito; se plantarmos uma má semente, certamente colheremos um mau fruto. Se criarmos nova causa de sofrimento por meio do suicídio, o que nos aguardará será, sem dúvida, um sofrimento no Inferno no outro mundo que nos fará contorcer de dor. Será que a prática de um treinamento austero, a tortura do corpo físico não acaba equivalendo a um suicídio gradual? Se o estado de Buda é um estado de tranquilidade que devemos almejar, não é o que encontraremos na mortificação. A causa da iluminação não pode ser encontrada na mortificação. O que ganhei como resultado de meus seis anos de treinamento são uma aparência horrível, que choca as pessoas, e olhos aguçados que penetram de maneira cortante. A mortificação só me fez adquirir uma atitude rigorosa; meus olhos aguçados e penetrantes não mostram absolutamente nenhum amor ou misericórdia. Como posso ser realmente bondoso e compassivo em relação aos outros se não consigo encontrar paz no meu coração e não tenho nenhum vislumbre de felicidade?

Mas o que seria exatamente esse vislumbre de felicidade interior? Quando vivia como príncipe em Kapilavastu, todos me tratavam muito bem e eu tinha o *dinheiro, as mulheres e os luxos que desejasse. Mas será que havia esse sentimento de felicidade em meu coração? Na realidade, o que eu sentia era um tédio vivendo com todo aquele conforto; no entanto, havia sempre fome e sede em meu coração. Meu coração oscilava constantemente, com meus conflitos internos, no emaranhado dos desejos e intenções das outras pessoas. Estava destinado a ser rei um dia, e teria de liderar meu povo na guerra contra países vizinhos e causar um terrível derramamento de sangue.*

Buscar status *e fama neste mundo leva ao vazio. Minha vida em Kapilavastu não me trazia uma verdadeira felicidade. Sentia-me espiritualmente insatisfeito, num estado de crescente ansiedade e frustração. A felicidade para os seres humanos não está na estagnação nem na preguiça. Para os seres humanos, a felicidade está no progresso espiritual diário. Encontramos a verdadeira felicidade não no sucesso mundano. A verdadeira felicidade para um ser humano, nascido como filho do Buda Original, está no aprimoramento de sua espiritualidade e natureza búdica, segundo a Vontade do Buda Original.*

A verdadeira iluminação e a verdadeira felicidade para os seres humanos, filhos do Buda Original, não se encontra na vida requintada da realeza, nem na austeridade extrema do treinamento da mortificação. Não conseguiremos alcançar a verdadeira iluminação, a verdadeira felicidade ou a verdadeira paz no coração buscando a satisfação extrema de nosso corpo, nem o flagelando. O modo mais verdadeiro de vida para os seres humanos é abandonar os extremos e procurar a Verdade no Caminho do Meio. Somente quando temos uma vida equilibrada é que encontramos o Caminho do Meio, e no Caminho do Meio é possível criar um mundo de grande harmonia, livrando-nos tanto das dores como dos prazeres.

A vida que os seres humanos na verdade almejam é uma vida de grande harmonia. Quando todas as pessoas abandonam os extremos da dor e do prazer, entram no Caminho do Meio e praticam os Oito Corretos Caminhos – Correta Visão, Correto Pensamento, Correta Expressão, Correta Ação, Correta Vida, Correta Dedicação, Correta Mentalização e Correta Meditação –, podem criar um verdadeiro reino dos céus no coração, assim como um verdadeiro Reino Búdico na Terra.

Portanto, a verdadeira felicidade para nós, humanos, é encontrada em nossa alegria espiritual e fazendo progresso espiritual em nossa vida diária. Nossa sensação de felicidade irá crescer à medida que dominarmos os a prática dos Oito Corretos Caminhos em seus níveis mais profundos.

9
A Iluminação do Buda Shakyamuni (2): A Entrada no Nirvana

Na seção anterior, descrevi o estado espiritual do Buda Shakyamuni quando alcançou a Grande Iluminação, aos 35 anos. O conteúdo de seu grande despertar, que ocorreu há 2.500 anos, desdobra-se diante dos meus olhos enquanto minha caneta registra essas palavras. Provavelmente precisarei de um livro inteiro para transmitir os detalhes de sua iluminação.

Então, agora vou dar um salto de 45 anos da vida de Shakyamuni, quando ele se dedicou a transmitir seus ensinamentos, e me concentrar no período imediatamente anterior ao seu falecimento, isto é, a iluminação ou o estado espiritual de Shakyamuni quando tinha 80 anos, descrevendo sua voz interior.

Entre duas árvores Shala da cidade de Kushinagar, o Buda Shakyamuni deitou-se sobre seu lado direito, com o braço direito dobrado debaixo da cabeça e a mão esquerda sobre seu abdome enfermo.

Quando estava prestes a entrar no Nirvana, teve os seguintes pensamentos.

Desde que alcancei a Iluminação, com a idade de 35 anos, tenho buscado por 45 anos conhecer o bem e ensinar os Princípios Corretos. Mas agora chegou minha hora de abandonar o corpo físico. Oh meu corpo físico que se tornou frágil com a idade, tudo é transitório. Não tenho mais qualquer apego a você. Por mais de incríveis quarenta anos consegui ensinar o caminho para Buda, e mostrar a maneira como os seres humanos devem viver. Essas Leis é que são meu verdadeiro corpo.

Ah, meus discípulos, vocês se dedicaram muito bem esses anos todos. Desde o suporte ao meu dia a dia até a difusão das Leis. Graças aos seus esforços, a Ordem de Shakyamuni se tornou uma grande organização religiosa com mais de 5 mil discípulos ordenados. Há também centenas de milhares de seguidores, um número incontável, que seguem meus ensinamentos na Índia. Tudo isso se deve aos seus contínuos esforços para difundir as Leis, enfrentando perseguições religiosas ou usando de astúcia para evitar confronto com os inimigos do Darma. Se não fosse pela ajuda que me deram, minhas Leis não teriam se difundido tanto. Continuem trabalhando com a mesma intensidade, sem negligenciar suas obrigações.

Sariputra, você faleceu há alguns anos, e eu também estou para partir logo deste mundo, portanto nos encontraremos de novo. Desfrutaremos de outras conversas, frente a frente. Você me ajudou muito. Considerado como aquele de "maior sabedoria", foi sempre um bom ouvinte e me facilitou o trabalho de pregação. Às vezes, você fazia perguntas ignorantes que me deixavam com um sorriso amargo, mas você tem ideia do quanto você era apreciado pelas pessoas que não tinham a coragem de me fazer perguntas?

Mahamaudgalyayana, embora eu soubesse que era parte de sua disciplina espiritual perseverar, não consegui conter as lágrimas quando soube que você, conhecido como "o melhor em poderes divinos", havia sido atacado e morto por seguidores de uma religião desvirtuada. Posso vê-lo vindo numa nuvem resplandecente para me levar.

Mahakatyayana, você, que era "o melhor nos debates", sempre era capaz de explicar meus ensinamentos de uma maneira que todos pudessem entender. Você continuará a plantar as sementes do Darma em lugares distantes depois que eu me for. Difunda meus ensinamentos no oeste da Índia, a partir do Reino de Avanti em direção a seus arredores.

Subhuti, você, que era "o melhor em compreender o conceito de vazio", nunca se apegou a coisas materiais, e compreendeu bem os meus ensinamentos sobre ausência de ego e vazio. Continue com seus diligentes esforços.

Aniruddha, você uma vez caiu no sono durante uma das minhas palestras, então eu o repreendi duramente de forma incomum. Depois, você começou a meditar passando noites em claro, até que perdeu a visão. Felizmente, seus olhos espirituais se abriram, e ficou conhecido como "o mais avançado em Olhos Celestiais". Naquele tempo, você era muito jovem e ingênuo, mas agora já começa a dar mostras de cabelos brancos.

Purnamaitrayaniputra, membro do clã Shakya, você é muito inteligente, a ponto de ser chamado "o melhor pregador do Darma". Você e o outro Purna, que planejam viajar ao oeste para difundir meus ensinamentos, se tornarão bons rivais.

Mahakasyapa, você não verá minha partida e chegará aqui a Kushinagar uma semana mais tarde. Ficará furioso com Ananda, que por descuido serviu-me cogumelos venenosos e com isso apressou minha morte. Você tentará expulsá-lo da ordem e, no final, chorará inconsolável pela minha morte. Você, que é conhecido como "o melhor em disciplina espiritual", sempre foi meticuloso quanto aos métodos da prática religiosa. Mas após minha morte, livre-se dos preceitos triviais.

Upali, você sempre foi "o melhor no cumprimento dos preceitos". Ao procurar fazer seu trabalho com grande zelo, você se tornou uma pessoa realmente cortês. Apesar de ser de uma casta inferior, não se intimidou por isso e se dedicou à disciplina espiritual em meio a outros de origem aristocrática. Dou meus elogios.

Rahula, apesar de ser meu filho, você procurou orientação espiritual reservada com Shariputra. Como resultado, foi considerado "o melhor no treinamento reservado", mas deixou este mundo cedo demais. As pessoas esperavam que você me sucedesse, mas que extrema má sorte ter partido tão jovem. Não pude fazer nada por você como pai, mas como você está? Vive feliz aí em cima, no Mundo Celestial?

Jivaka, o melhor e o mais famoso dos médicos, você me curou de doenças várias vezes, mas desta vez não há nada que possa fazer. Nada é permanente. Assim como não podemos deter o curso de um rio, você tampouco tem como estender mais minha vida na Terra.

Ah, amados discípulos, não consigo parar de pensar no que acontecerá com vocês depois que eu deixar este mundo. Meus discípulos, lembrem-se bem disso: embora minha forma de vida parta deste mundo em breve, os ensinamentos que estou deixando serão transmitidos por milhares de anos e servirão de alimento para a alma das pessoas.

Meus eternos discípulos, lembrem-se bem das minhas últimas palavras. Minha vida é como a lua cheia. Nuvens podem cobrir a luz e escondê-la de vocês, mas ela continua brilhando intensamente por trás das nuvens. Do mesmo modo, a vida brilha eternamente; ela nunca termina.

A partir de agora, mesmo depois que eu deixar este mundo, continuem vivendo com os ensinamentos que lhes dei nos últimos 45 anos como alimento para a alma. Com esse alimento, não esperem que alguém traga luz para vocês. Acendam vocês mesmos a chama do seu coração e iluminem por si mesmos seu caminho. Acendam a tocha do Darma dentro de si e vivam de maneira inabalável.

Os ensinamentos que lhes transmiti ao longo destes muitos anos são ensinamentos com os quais vocês podem se erigir e, ao mesmo tempo, salvar outras pessoas. Mesmo depois que eu me for, nunca se esqueçam da expressão "tocha interior" e vivam com o Darma como seu guia. Meus discípulos, estas são minhas últimas palavras: "*Todas as coisas neste mundo são passageiras. Sem preguiça, completem o seu aprimoramento espiritual.*"

Esses foram os pensamentos do Buda Shakyamuni na ocasião do ingresso para o Nirvana. Nesses últimos momentos, até mesmo o grande Buda Shakyamuni mal conseguia falar, mas alguns de seus discípulos, cujas janelas do coração estavam abertas, foram capazes de ouvir a voz interior de Shakyamuni por meio dos seus próprios poderes espirituais. Parte do que eles ouviram foi mais tarde registrado no Sutra do Nirvana.

10
A Iluminação da Nona Dimensão

O nível de iluminação de Shakyamuni superou até mesmo o alcançado por Jesus Cristo, e foi o nível mais elevado que um ser humano pode alcançar. Infelizmente, porém, mesmo tendo passado 45 anos ensinando seus discípulos, Shakyamuni não conseguiu transmitir plenamente a iluminação a respeito do Grande Universo que ele alcançou. Embora fossem seus discípulos, praticamente nenhum deles alcançou a iluminação de *tathagata* enquanto vivo, por isso a maioria deles teve dificuldade para compreender como o Grande Universo foi criado ou entender sua estrutura multidimensional. Além disso, naqueles tempos a Índia passava por frequentes guerras. Numa situação assim, Shakyamuni não teria sido capaz de salvar o coração das pessoas ensinando algo que era extremamente avançado para sua época. Foi por isso que Buda posicionou no centro de seus ensinamentos o trabalho de levar as pessoas a alcançar o estado de *arhat* por meio dos Oito Corretos Caminhos.

Essencialmente, para alcançar a iluminação do Reino Cósmico da nona dimensão, deve-se satisfazer a três pré-requisitos:

1. Despertar para as Leis a partir de vários pontos de vista e ser capaz de pregá-las de uma maneira personalizada.
2. Ter despertado também para a Criação, isto é, saber

como o universo passou a existir e conhecer a história do planeta Terra.
3. Ter despertado para as leis do mundo multidimensional da quarta dimensão e acima dele.

Quanto à primeira condição, Shakyamuni era excelente em pregar a Verdade de uma maneira personalizada. Quanto à segunda condição, ele despertou para o conhecimento da Criação quando alcançou a iluminação sob a árvore Bodhi e teve a experiência mística de seu corpo espiritual se tornar uno com o Grande Universo. Quanto à terceira condição, isto é, conhecer as leis que regem o universo ou as regras do Mundo Real, ele as expressou em seus ensinamentos da Lei de Causa e Efeito e da Lei do Carma.

Evidentemente, com a iluminação da nona dimensão chega-se ao domínio de todos os Seis Poderes Divinos do nível mais elevado, assim como à aptidão de enxergar por completo o passado, o presente e o futuro das pessoas. No entanto, desde o início Shakyamuni já compreendia o perigo que corriam os buscadores da Verdade de ficarem obcecados pelos poderes sobrenaturais e, a fim de impedir que as pessoas caíssem em crenças ilusórias, raramente fazia uso de seus poderes espirituais, com exceção da leitura da mente.

No Capítulo Um, mencionei que há dez Grandes Espíritos Guias de Luz que alcançaram a iluminação da nona dimensão, um reino elevadíssimo do Mundo Espiritual. A seguir, vou descrever as funções e responsabilidades que cada um desempenha atualmente (em 1994):

(Mundo da Frente)
1. **Shakyamuni (El Cantare)**
   Criar uma nova era e construir uma nova civilização. É o mais elevado espírito do Grupo Espiritual Terrestre.
2. **Jesus Cristo (Amor)**
   Definir as diretrizes que orientam o Mundo Celestial.
3. **Confúcio (Therabim)**
   Planejar a evolução do Grupo Espiritual Terrestre. Fazer intercâmbios com outros grupos estelares.
4. **Manu**
   Lidar com questões étnicas.
5. **Maitreya**
   Prismatizar a Luz de Buda.
6. **Newton**
   Ciência e tecnologia.
7. **Zeus**
   Artes, como a música, as belas-artes e a literatura.
8. **Zoroastro**
   Perfeição moral.

(Mundo do Verso)
9. **Moisés (Moria)**
   Comandar as forças dedicadas à dissolução do Inferno; encarregado também dos fenômenos miraculosos.
10. **Enlil**
    Guiar o Reino da Magia (Arábia), o Reino da Ioga (Índia), o Reino dos *Sennins* (China), e o Reino dos *Sennins* e dos *Tengus* (Japão). (Pertence à linhagem dos deuses severos e deuses vingativos.)

Como no presente a consciência central de El Cantare está agora encarnada na Terra, Jesus Cristo é quem está na nona dimensão atuando como substituto de El Cantare na tomada de decisões. Ele também planeja descer de novo, daqui a cerca de 400 anos.

Nessa mesma época, o leito do oceano onde se localiza o atual Triângulo das Bermudas ressurgirá na superfície, formando o continente da Nova Atlântida, que irá incluir o atual Canadá. A metade sul, que corresponde à atual América do Norte, terá afundado no oceano. Até o momento, está previsto que Jesus renascerá no continente da Nova Atlântida. Ali, pregará a Verdade com base nos princípios do amor e da justiça da Era Espacial.

Neste capítulo, tratei da iluminação da nona dimensão, mas obviamente acima dela há a iluminação da décima dimensão. Nela existem três consciências planetárias: a Consciência do Grande Sol, a Consciência da Lua e a Consciência da Terra. Se definimos iluminação como sendo a dos espíritos que em algum momento residem num corpo humano, então podemos deixar de lado a iluminação da décima dimensão. No entanto, se eu fosse descrever a iluminação da décima dimensão, diria que é uma iluminação da qual todos os elementos humanos foram removidos. Em outras palavras, os seres da décima dimensão são apenas gigantescos concentrados de luz que têm uma consciência com objetivo específico.

NOTAS

1. Os "influxos" da expressão "Extinção dos Influxos" referem-se aos desejos mundanos. O estado de ainda haver impurezas do coração é referido como "presença de influxos", enquanto o estado de extirpação completa das impurezas é referido como "ausência de influxos". Assim, o poder divino de Extinção dos Influxos é compreendido como a habilidade de extinguir os desejos mundanos. Para tanto, a disciplina diária da reflexão é indispensável. Em vez de encará-lo como um poder espiritual, é mais exato considerá-lo como poder de sapiência elevada. Ele permite àquele que possui poderes sobrenaturais de alto nível levar uma vida normal, como uma pessoa normal. (N. do A.)

2. Buda Original refere-se ao Senhor El Cantare. Aqui, denota a alma-mãe do Buda Shakyamuni. (N. do A.)

CAPÍTULO CINCO

AS ERAS DE OURO

1
Prenúncio de uma Nova Humanidade

Nós estamos na segunda metade do século XX e o século XXI está logo à vista. Que tipo de pessoas entrarão em cena, e como será a era que se estabelecerá? Muitas pessoas hoje podem se sentir animadas ou ansiosas em relação a isso, cheias de expectativa ou de incertezas. Mas as indicações de uma nova era e os sinais de surgimento de uma nova humanidade já estão presentes na sociedade atual. Vivemos um período de transição, com muitas coisas antigas sendo extintas e outras novas emergindo. Os brotos da nova era já estão no presente. A missão de um profeta nascido nesta era é anunciá-los às pessoas.

Há cerca de 10 mil anos, a humanidade presenciou o desaparecimento de uma antiga civilização, quando o continente da Atlântida foi tragado pelo oceano. O fim de uma coisa significa o início de outra. Com o tempo, uma nova civilização surgiu e floresceu, tendo o Egito como o seu epicentro. Essa civilização durou cerca de 10 mil anos, e se encerrará no final do século XX.

Ela floresceu em muitos países e regiões, começando pelo Egito e seguindo para a Pérsia, Judeia, China, Europa, América e Japão. Podemos dizer que o traço distintivo dessa civilização é a inteligência, que recebeu forte ênfase. Portanto, nesta "civilização da inteligência" as pessoas se inclinaram a tentar compreender o mundo intelectualmente.

Antes dela, a civilização do continente da Atlântida baseava-se na razão, e o *tathagata* Maitreya e Koot Hoomi (que nasceu mais tarde como Arquimedes e depois como Newton) tiveram naquela época um papel muito ativo a partir do Reino Cósmico da nona dimensão.

Na era anterior à Atlântida, há mais de 15 mil anos, houve outra civilização única, a de Mu, que floresceu no continente do mesmo nome, no oceano Pacífico. Em poucas palavras, a civilização de Mu caracterizava-se pelo uso da "energia da luz". As pessoas ali eram muito avançadas em pesquisa científica e em pesquisa religiosa sobre a energia da luz, e seu aprimoramento espiritual consistia sobretudo em aprender como cada um podia amplificar seu poder de luz.

Recuando ainda mais no tempo, há mais de 27 mil anos existiu um continente chamado Ramúdia[1], no oceano Índico. Ali as pessoas se concentravam principalmente em desenvolver a sensibilidade. Enquanto na era de Mu houve uma grande influência do poder de El Cantare (Buda Shakyamuni), na era de Ramúdia quem exercia maior poder eram Manu e Zeus. Eles tiveram papel central em moldar uma civilização da sensibilidade. Naqueles tempos, as pessoas dedicavam sua disciplina a refinar os sentidos. As mais desenvolvidas conseguiam distinguir 3 mil cores e 2.500 aromas diferentes.

E antes da civilização de Ramúdia existiu a civilização de Myutram, no continente do mesmo nome, que se extinguiu em tempos muito remotos, há 153 mil anos. Naquela época, o eixo da Terra estava numa posição muito diferente da que ocupa hoje. Myutram ficava no atual continente da Antártica, que naquele tempo possuía um clima temperado e um formato um pouco diferente. Ao contrário do continente de Mu e da Atlântida, Myutram não desapareceu afundando no mar. O que houve foi que, há cerca de 150 mil anos, quando o eixo da Terra mudou de posição, houve o deslocamento dos polos, e o clima do continente passou de quente para frígido. O solo ficou coberto de gelo, e praticamente todos os seres vivos morreram. Essa época veio sendo transmitida até os dias atuais como a Era Glacial. Muitos vestígios dessa antiga civilização ainda permanecem sob o gelo antártico.

Antes do continente de Myutram havia um continente chamado Garna[2], há cerca de 735 mil anos. Naquela época, os continentes da África e da América do Sul ainda estavam unidos e formavam um imenso bloco de terra. A civilização de Garna tinha seu principal foco nos poderes sobrenaturais. Certo dia, porém, um repentino movimento da crosta terrestre dividiu o território em duas partes, que começaram a se afastar. A civilização de Garna foi destruída por um grande terremoto de magnitude de cerca de 10 pontos na escala Richter.

O que relatei aqui não é ficção científica. Descrevi fatos que realmente aconteceram na Terra no passado. É útil conhecê-los ao pensar a respeito da civilização atual e das futuras.

2
A Civilização de Garna

Nos 400 milhões de anos de história da humanidade, emergiram inúmeras civilizações, que desapareceram como bolhas de espuma flutuando rio abaixo. Mas não é necessário falar de todas elas para as pessoas hoje. De momento, o que precisamos é de referências para pensar a respeito das sociedades presente e futura. Porém, é preciso verificar as referências enterradas em civilizações passadas. Por isso, decidi dar uma olhada nos Registros Akáshicos do Mundo Real e falar brevemente sobre a transição de civilizações no último milhão de anos, que constitui apenas uma pequena parte da história de 400 milhões.

Primeiro, vou falar da civilização de Garna. O continente de Garna ergueu-se do mar 962 mil anos atrás, quando a erupção de um vulcão submarino fez com que o leito marinho se erguesse. Localizava-se entre os atuais continentes da África e da América do Sul. No entanto, há cerca de 735 mil anos ocorreu um evento sem precedentes, que fez o continente se dividir em dois e as partes se afastarem.

Quatro civilizações surgiram no continente de Garna, mas vou me concentrar aqui apenas na última, e chamá-la de civilização de Garna. Ela floresceu durante cerca de 25 mil anos, tendo começado há cerca de 760 mil anos, até ser destruída pelo desaparecimento do continente. Como mencionei, essa civilização estava voltada principalmente para os poderes sobrenaturais.

Nessa época, a altura média dos homens de Garna era de 2,10 metros, e a altura média das mulheres era de 1,80 metro. Um fato interessante é que os homens possuíam um terceiro olho. Era cor de esmeralda, arredondado e situado no centro da testa, uns 2 centímetros acima das sobrancelhas. Esse terceiro olho normalmente ficava fechado, e se abria quando eles faziam uso de seus poderes sobrenaturais. As mulheres não possuíam esse terceiro olho, e tinham muito receio dos poderes sobrenaturais dos homens propiciados por ele, por isso assumiram uma posição subalterna.

O mito que era narrado perto do final da civilização de Garna dizia que: "Deus criou os homens e as mulheres com igualdade. Como prova disso, aos homens foi concedido um terceiro olho, para a proteção deles e de sua espécie, enquanto às mulheres foi dado um útero para a prosperidade da sua família". Nessa época, o útero de uma mulher era também considerado um órgão com poderes paranormais, por permitir à mulher se comunicar com o Mundo Celestial e escolher o espírito do futuro filho. As futuras mães tinham profundas discussões com o espírito que estava no Mundo Celestial, que viria a ser o seu filho. Quando chegavam a um acordo, o espírito era concebido. Portanto, diferentemente do que ocorre agora, os abortos nunca aconteciam.

Detalhando mais, na era da civilização de Garna oito grupos étnicos lutavam pela supremacia, portanto as pessoas precisavam se proteger de inimigos externos o tempo todo. O terceiro olho era usado como uma arma também, para essa proteção. A cor do terceiro olho variava conforme a tribo – podia ser amarelo, verde, roxo, preto, cinza ou castanho. O tipo e o grau de desenvolvimento dos poderes sobrenaturais também diferiam de acordo com a etnia, e o poder predominante do terceiro olho era a habilidade de produzir efeitos físicos, ou seja, a psicocinese, como se diz na era atual. Algumas tribos, porém, desenvolveram a capacidade preditiva, por meio da qual protegiam sua espécie detectando antecipadamente os ataques inimigos.

Naquela época, infelizmente, não havia nenhum ensinamento da Verdade que falasse do coração. A principal preocupação das pessoas era com o tipo de poder sobrenatural que podiam exercer, e seu aprimoramento espiritual centrava-se em como desenvolvê-lo. Com o desaparecimento do continente de Garna, essas pessoas retornaram ao outro mundo, e isso aumentou o número de habitantes no Mundo do Verso, onde ficam o Reino dos Sennins, o Reino dos Tengus e o Reino da Magia (Reino dos Sennins ocidental).

Depois da civilização de Garna, não houve mais nenhuma raça dotada de terceiro olho. No entanto, o conceito de um chacra entre as sobrancelhas, ao qual a ioga se refere, é um vestígio desse terceiro olho.

3
A Civilização de Myutram

A civilização de Garna, voltada principalmente para os poderes sobrenaturais, acabou sendo destruída depois que um evento sem precedentes dividiu o continente em duas partes. Isso ocorreu num final de tarde de outono, há cerca de 735 mil anos. Com um rumor estrondoso no subsolo, abriu-se uma fenda no sentido norte-sul, bem no centro de Ecarna, uma das maiores cidades da civilização de Garna. Essa fenda logo se transformou numa imensa falha geológica. De início, tinha 100 quilômetros de extensão de norte a sul, mas conforme foi invadida pela água do mar, começaram a aparecer indícios de que o continente se dividiria. A segunda mudança ocorreu três dias depois, quando um grande terremoto de magnitude em torno de 10 pontos sacudiu o país; o epicentro estava bem abaixo da cidade. Cerca de 300 mil pessoas que viviam em Ecarna faleceram nesse dia. A fenda norte-sul então se estendeu por milhares de quilômetros e o continente de Garna aos poucos se dividiu em dois. A partir de então, ao longo de dezenas de milhares de anos, as duas massas de terra evoluíram e se tornaram o que são hoje os continentes da África e da América do Sul.

Na parte sudeste de Garna havia uma cidade chamada Emilna. Os emilnas, cuja maioria vivia em Emilna, desenvolveram particularmente a previsão do futuro, portanto uma parte do povo conseguiu prever a catástrofe e fugiu de barco para um novo continente desabitado ao sul. Esse evento foi uma das fontes da lenda da Arca de Noé. No entanto, os emilnas foram perdendo as ferramentas avançadas de que dispunha antes e também muitos de seus membros competentes, até se tornar um povo simples, agrícola. Com isso, o terceiro olho que mencionei começou a degenerar.

Nesse novo continente surgiram muitas civilizações, e a mais famosa foi a de Myutram, que floresceu entre cerca de 300 mil e 153 mil anos atrás. Foi essa civilização que deu nome ao continente. Cerca de 80% dele sobrepunham-se à atual Antártica, mas como a posição do eixo da Terra à época era muito diferente da atual, o continente tinha um clima ameno, ao contrário do que ocorre hoje no polo Sul. Portanto, era possível cultivar em abundância grãos muito parecidos com o trigo, e formou-se então uma civilização baseada na agricultura.

A civilização que se desenvolveu em Myutram foi a alimentar. Nessa época, as pessoas estudavam em profundidade todos os aspectos da dietética e pesquisavam a fundo a relação entre hábitos alimentares e vida espiritual, para ver que combinação de alimentos era mais benéfica à natureza humana. Que tipo de legumes e verduras favoreciam uma disposição serena? Que tipo de peixe melhorava a resposta muscular? Com que quantidade e frequência os laticínios deviam ser consumidos para estender o tempo de vida? Que tipo de bebida alcoólica ajudava as células cerebrais a se tornarem mais ativas? Eram temas como esses que eles estudavam, e havia especialistas em cada campo da cultura alimentar, como doutores em longevidade, em resistência e em fortalecimento da memória. Embora em situações diferentes das que vivem os jovens de hoje em relação aos exames vestibulares, todos estudavam muito para se tornar especialistas nesses assuntos desde criança.

A civilização de Myutram produziu um grande volume de pesquisas sobre as relações entre os hábitos alimentares e o temperamento humano. Em contraste com a civilização de Garna, que apesar de sua natureza agressiva dava grande valor aos poderes espirituais, a civilização de Myutram era pacífica, mas tendia a encarar a espiritualidade de maneira leviana. Assim, algumas formas incipientes do materialismo que vemos hoje em dia começaram a surgir naquele tempo. Embora as descobertas da civilização sobre a relação entre dieta e natureza humana fossem importantes, esse foco principal nos hábitos alimentares fez a cultura de Myutram negligenciar a verdadeira missão dos seres humanos — investigar e aprimorar a alma. Algumas pessoas que vemos hoje com um ávido interesse por dietas saudáveis ou por alimentos para a beleza provavelmente reencarnaram várias vezes na civilização de Myutram e trabalharam nesse tipo de pesquisa. A civilização de Myutram teve seu auge por volta de 160 mil anos atrás, quando Moria (Moisés), conhecido na época como o Grande Mestre Emula, iniciou uma revolução espiritual em grande escala sob o lema: "Da vida alimentar para a vida baseada no coração". Mas o Grande Mestre Emula sofreu violentas perseguições por desrespeitar a importância da cultura da vida dietética de Myutram, que era parte de sua tradição. Sua revolução espiritual, portanto, não foi bem-sucedida. Mesmo assim, ele conseguiu plantar no coração das pessoas a ideia de que: "há outras coisas, além dos hábitos alimentares, que influenciam imensamente a natureza humana". De certo modo, essa ideia foi precursora dos modernos movimentos religiosos que lutam contra o materialismo.

Há 153 mil anos, houve um repentino deslocamento do eixo da Terra, e o clima no continente de Myutram ficou frígido. Teve início o que conhecemos hoje como Era Glacial.

4
A Civilização de Ramúdia

O fim da civilização de Myutram foi causado por um deslocamento do eixo da Terra. Um dia, ao pôr do sol, há 153 mil anos, o povo notou que o céu estava com um tom vermelho descomunal. O céu inteiro ficou dessa cor, como se tivesse sido coberto de sangue. Muitas pessoas procuraram os especialistas para consultá-los, mas nenhum deles conseguiu explicar o fenômeno. Então, por volta das 22 horas daquela noite, as pessoas viram todas as estrelas se deslocando de posição no céu. E logo entenderam que não se tratava de estrelas cadentes. Era a Terra que se movia, não as estrelas. Como uma bola mergulhada na água que sobe à superfície girando, a Terra mudou seu ângulo bruscamente.

 O efeito desse fenômeno ficou evidente em alguns meses; começou a nevar nas terras antes temperadas de Myutram e o solo congelou. O fenômeno foi fatal para essa civilização, que era baseada na agricultura. Em pouco tempo começou a luta das pessoas contra a fome. Alguns até tentaram construir cidades subterrâneas para sobreviver, mas acabaram morrendo em dois ou três anos. Infelizmente, era a estação chuvosa; a chuva constante virava neve, e em cerca de duas semanas formou-se uma camada de mais de 5 metros de altura de neve. A capital de Myutram, Ra Myute, foi completamente destruída. Alguns habitantes, porém, conseguiram escapar em embarcações. Assim, parte da civilização de Myutram viria a continuar em outro continente.

Naquela época, não havia grandes continentes na região do atual oceano Índico, apenas uma pequena ilha com cerca do dobro do tamanho do Japão. Alguns milhares de refugiados de Myutram se instalaram ali e seu número foi crescendo consistentemente. Porém, há cerca de 86 mil anos, essa ilha de repente começou a se erguer até que se formou um continente no oceano Índico. No período de cerca de um ano, esse grande continente, Ramúdia, estava totalmente formado. Era o maior continente já formado no oceano; uma extensão de terra em formato de losango, com 3.500 quilômetros de leste a oeste e 4.700 quilômetros de norte a sul. Uma vegetação abundante cresceu em Ramúdia, que se tornou uma terra fértil.

Então, há 44 mil anos, nasceu em Ramúdia aquele que mais tarde ficaria mais conhecido como Zeus numa reencarnação posterior, na Grécia. Na época, chamava-se Elemaria. Era um gênio em todas as formas de arte, inclusive literatura, belas-artes e música. Por meio da arte, o Grande Santo Elemaria ensinou às pessoas a alegria de viver e a glória de Deus. Assim, depois de Elemaria, a civilização de Ramúdia floresceu imensamente na música, pintura, literatura, poesia, arquitetura, escultura e em outras áreas. Muitas pessoas que se destacam hoje nessas artes provavelmente foram indivíduos aplicados que viveram em Ramúdia.

Quem também lançou uma gigantesca luz sobre Ramúdia depois do Grande Santo Elemaria foi Manu.

Ele nasceu em Ramúdia há 29 mil anos. Nessa época, chamava-se Margarit – Grande Mestre Margarit. Seu nome significava "aquele que vem para competir", e isso tinha dois sentidos. Um era que Margarit competia com o Grande Santo Elemaria, então cultuado como um deus onipotente; e o outro sentido era que Margarit introduziu uma saudável rivalidade entre as tribos em competições artísticas.

Manu, ou o Grande Mestre Margarit, foi a primeira pessoa a promover a ideia de competição nas artes. Ele dividia as pessoas em cinco grupos, de acordo como o campo artístico – música, pintura, literatura, arquitetura e artesanato – e incentivava-as a dar seu melhor em sua área. A cada três anos, promovia competições para determinar qual grupo havia produzido a melhor arte, e o prêmio do ganhador era tornar-se a classe governante pelos três anos seguintes.

Esse sistema era restrito às artes, mas o método de selecionar governantes por meio de concursos públicos abertos foi o precursor da democracia moderna. Além disso, Margarit ensinou que as artes, em última instância, levam a Deus, portanto seus ensinamentos visavam unir religião e política. Mas a civilização de Ramúdia desapareceu do oceano Índico de maneira muito abrupta há 27 mil anos. Foi durante uma tarde excepcionalmente quente de verão, enquanto as pessoas se deleitavam com música.

5
A Civilização de Mu

O final da civilização de Ramúdia nos causa uma grande sensação de uma história que fica no ar sem desfecho. Era comum as pessoas de Ramúdia, que eram mestres nas artes, desfrutarem de uma sessão de música de duas horas todas as tardes. Os tremores começaram quando as pessoas estavam nesse seu entretenimento musical. Lustres começaram a oscilar violentamente, todas as vidraças se romperam, e logo em seguida as magníficas e modernas salas de concerto de Ramúdia desabaram. O continente começou a afundar em sua porção oriental.

Por volta das 4 horas da tarde, o continente já estava com apenas metade de sua extensão. Às 7 horas da manhã seguinte, tudo o que restava era o Sol matinal brilhando sobre a vastidão do oceano; não restou um vestígio sequer do continente, apenas os restos mortais dos ramudianos boiando no oceano Índico, e nada mais. A destruição de Ramúdia foi total e terrível; sua população inteira de 2,5 milhões de habitantes desapareceu no mar sem um único sobrevivente. Não importava se as pessoas eram boas ou más, todas desapareceram. A civilização, porém, sobreviveu, pois os ramudianos haviam fundado uma colônia num continente denominado Moa, que mais tarde passaria a ser conhecido como Mu.

Mu era um continente no oceano Pacífico que emergiu muito antes do continente de Ramúdia, há cerca de

370 mil anos. Mu continental assumiu diferentes formatos ao longo do tempo, e por volta do fim de Ramúdia tinha cerca de duas vezes a área da atual Austrália, e seu centro ficava perto da atual Indonésia. Embora o continente fosse habitado havia centenas de milhares de anos, as pessoas ali tinham um modo de vida muito simples. No norte, a maioria dos habitantes eram pescadores, os do sul eram caçadores, e os do centro-oeste dedicavam-se à agropecuária.

No entanto, à medida que a civilização de Ramúdia floresceu, o povo de Mu foi invadido por ramudianos. Por volta de 28 mil anos atrás, o povo de Ramúdia enviou uma frota de grandes navios ao continente de Mu e passou a colonizar várias cidades. Muitos habitantes de Mu foram levados a Ramúdia como escravos e obrigados a trabalhar, enquanto os ramudianos passavam os dias com seus estudos e suas artes.

Essa energia do pensamento desarmoniosa gerou uma imensa nuvem escura sobre Ramúdia por volta do final da sua civilização. Isso provocou mais tarde uma gigantesca reação, que resultou no afundamento do continente. A cultura ramudiana começara a criar raízes também no continente de Mu, apesar de ter sido apenas uma colônia. Após o desaparecimento da civilização de Ramúdia, lentamente surgiram em Mu sinais de uma nova civilização.

Por volta de 20 mil anos atrás, uma das vidas passadas de Zoroastro desceu à terra de Mu. Seu nome na época era Escallent. A palavra *excellent,* de uso corrente em inglês, originou-se de seu nome, e as duas têm o mesmo significado de "excelente". O Grande Santo Escallent concentrou-se no aspecto científico da energia solar. Ele deu dois sentidos ao poder da luz solar; primeiro, que a luz era sagrada, representando a glória de Deus; e, segundo, que a luz era importante por sua utilidade.

Quanto ao primeiro ponto, o da sacralidade da luz, desenvolveu-se a tradição de as pessoas juntarem as mãos e fazerem uma reverência, com um dos joelhos apoiado no chão, toda vez que deparavam com uma fonte de luz, quer fosse o Sol, a Lua ou uma fonte de luz artificial. Foi o que deu origem às reverências adotadas mais tarde pela cultura oriental.

Quanto ao segundo ponto, a luz era algo útil, mas o que significava ela? Com a orientação de Koot Hoomi (que mais tarde ficou conhecido em encarnações posteriores como Arquimedes e Newton, como já mencionado) e de outros no Mundo Celestial, e também com a inspiração científica de Enlil, Escallent se concentrou em amplificar o poder da luz. As pessoas nessa época usavam gigantescos amplificadores de energia solar para gerar força para iluminar as casas, e também para a propulsão de navios e alimentar máquinas de produção. Vendo em retrospecto, era como se a humanidade começasse a se preparar para a era da ciência.

No centro das cidades reluziam pirâmides de prata com suas faces formando triângulos equiláteros com 30 metros de lado. A energia solar absorvida por essas pirâmides era amplificada e depois transferida para pirâmides menores, com 10 metros de lado, localizadas no centro de cada cidade. Essas, por sua vez, forneciam energia para pirâmides ainda menores, de 1 metro de lado, montadas nos telhados das casas. O poder das pirâmides foi transmitido mais tarde à civilização da Atlântida. Os gigantescos amplificadores de energia solar daquela época funcionavam de maneira muito semelhante ao poder da pirâmide como é conhecido hoje.

6
A Era de Ra Mu

O continente de Mu teve seu auge na era de Ra Mu, há 17 mil anos. Mu experimentava então uma era de adoração do Sol e de desenvolvimento da tecnologia solar. Foi então que Ra Mu nasceu num corpo físico. Ra Mu era uma das encarnações passadas do Buda Shakyamuni. Ra Mu significa "Grande Rei de Luz de Mu". Na era de Ra Mu, surgiu um grande império no continente de Mu. Era antes chamado de continente de Moa, mas na era de Ra Mu foi renomeado como continente de Mu, assim como a civilização, em homenagem a Ra Mu.

Ra Mu viu com imensa satisfação o grande avanço da civilização científica no continente de Mu, e sentiu que aquela era a melhor oportunidade para criar um Reino de Deus na Terra. O próprio Ra Mu possuía grandes poderes espirituais, então podia se comunicar à vontade com os espíritos do Mundo Celestial. Quem protegia Ra Mu a partir do Mundo Celestial era principalmente Amor, que mais tarde nasceria como Jesus Cristo.

Os ensinamentos de Ra Mu baseavam-se em três pontos principais: primeiro, que todas as pessoas de Mu deveriam entender a ideia de que Deus é uma existência como o Sol, repleto de luz, e que sempre doa energia a todos os homens na Terra, assim como o Sol. Segundo, que todas as pessoas de Mu deveriam, como o Sol, viver com amor e misericórdia. Elas eram questionadas se preenchiam de luz o coração dos outros à sua volta, pois essa era a verdadeira natureza do amor e da misericórdia. Terceiro, que todas as pessoas de Mu precisavam ter como meta de vida o autorrefinamento. O refinamento não se aplicava apenas aos estudos, às artes em geral e às artes marciais, mas acima de tudo à elevação de sua espiritualidade. Esses três pontos eram a base dos ensinamentos de Ra Mu. Levando-se em conta que Ra Mu era uma vida passada do Buda Shakyamuni, que difundiria o budismo na Índia aproximadamente 14 mil anos mais tarde, podemos ver que os ensinamentos do budismo já começavam a aparecer na era de Ra Mu.

Os ensinamentos de Ra Mu, ministrados há 17 mil anos, marcaram o ponto de partida da religião real. Na era de Ra Mu, religião e política eram inseparáveis. A melhor religião era também a melhor política, e o maior líder religioso era igualmente o maior político. Pensando bem, faz todo o sentido, pois se os seres humanos são ramificações de Deus, é perfeitamente natural que quem está mais perto de Deus, isto é, o grande líder religioso, governe as pessoas na Terra.

Todas as noites, Ra Mu ajoelhava-se em seu santuário e se comunicava espiritualmente com os Espíritos Superiores, pedindo-lhes opinião em relação às políticas nacionais básicas. Essa foi a verdadeira origem da política. Afinal, a política é a arte de governar as pessoas, e se um governante comete um erro, isso se torna um problema não só para ele, pois coloca em risco a vida de todos os cidadãos e pode levar a alma deles a uma decadência.

Tomar decisões tão importantes com base apenas no pensamento de um simples mortal pode até ser sinal de arrogância e de extrema pretensão. A origem da política está justamente nessa atitude. Isto é, o essencial na política é ser humilde perante Deus, e ouvir as palavras de Deus, com o coração sereno e isento de ego. É ouvir com muita atenção as palavras de Deus.

No entanto, com a morte de Ra Mu aos poucos seu grandioso ensinamento se tornou mero formalismo, e a civilização de Mu encerrou sua fase áurea e entrou em declínio. As pessoas negavam o poder da iluminação, e uma religião maligna de adoração suspeita a espíritos de animais começou a se difundir. Pessoas com uma fé equivocada no poder espiritual ridicularizavam os ensinamentos de amor e misericórdia, e com isso as nuvens de energia dos pensamentos obscuros começaram a cobrir o continente inteiro.

Há cerca de 15.300 anos, o continente de Mu afundou no oceano em três estágios. Quando afundou, a grande e avançada metrópole de Ra Mu, que recebera também o nome do próprio Ra Mu, submergiu igualmente no oceano Pacífico. Mas alguns habitantes de Mu conseguiram escapar de navio para o norte e viraram os ancestrais dos vietnamitas, japoneses e chineses. Outros cruzaram o Pacífico e foram viver nas montanhas dos Andes, na América do Sul. Outros ainda alcançaram o oceano Atlântico, em busca de novas terras, e chegaram ao continente da Atlântida.

7
A Civilização da Atlântida

A Atlântida foi a civilização imediatamente anterior à nossa atual. No meio do que é agora o oceano Atlântico, sobretudo em torno do Triângulo das Bermudas, havia um continente chamado Atlântida. Esse continente emergiu do mar por volta de 75 mil anos atrás, a partir de uma ilha do tamanho da Grã-Bretanha, quando um vulcão submarino entrou em erupção. Os primeiros residentes desse continente apareceram há cerca de 42 mil anos. Eram ainda pessoas de pouco desenvolvimento, oriundas das ilhas vizinhas.

Os primeiros sinais de uma nova civilização na Atlântida apareceram há cerca de 16 mil anos, centenas de anos antes que o continente de Mu afundasse. Nessa época, nasceu a alma de um grande cientista, Koot Hoomi, que mais tarde reencarnaria na Grécia como Arquimedes. Koot Hoomi fez florescer uma primeira civilização, pois até então as tribos viviam da caça e da pesca.

Koot Hoomi percebeu o poder místico que se aloja na vida das plantas. Por que uma semente brota, cresce, desenvolve folhas e floresce? Por que crescem caules a partir dos bulbos? Ele passou vinte anos estudando esses fenômenos.

Por fim, descobriu a essência da energia da vida. Concluiu que a própria vida é uma fonte de energia e que, quando ela muda de forma, ocorre uma imensa conversão de energia. Pensou então que, se a força gerada no momento dessa conversão de energia pudesse ser extraída, seria possível usá-la como força-motriz em muitas aplicações. Passou a década seguinte pesquisando uma maneira de extrair a força de conversão da energia vital, e foi bem-sucedido. Essa força impulsionaria a civilização da Atlântida.

Com a descoberta dessa fonte de energia por Koot Hoomi, uma nova luz começou a brilhar sobre a Atlântida. A força da conversão dessa energia vital foi usada da mesma maneira que usamos hoje a eletricidade, e apareceram aparelhos semelhantes aos dispositivos elétricos que temos hoje. Por exemplo, toda casa tinha vários frascos contendo bulbos de plantas alinhados junto a uma janela. Uma máquina conectada aos bulbos das plantas por meio de algo que parecia um fio de níquel--cromo extraía a energia dos bulbos das plantas, produzida quando eles germinavam, e a transferia para outra máquina localizada na parte superior, que amplificava a energia. Era assim que cada casa garantia a energia de que precisava.

No entanto, há cerca de 15.300 anos ocorreu uma grande mudança: o continente de Mu afundou e vários sobreviventes conseguiram chegar à Atlântida. Entre eles havia alguns cientistas que transmitiram o conhecimento da energia da pirâmide da civilização de Mu ao povo da Atlântida.

Por volta dessa época, o *tathagata* Maitreya encarnou num corpo físico vindo do Mundo Celestial. Seu nome era Cusanus. Santo Cusanus começou a ensinar uma espécie de deísmo, uma fé que combinava o poder da pirâmide com o culto ao Sol. Segundo essa filosofia, coisas racionais e científicas estavam de acordo com a Vontade de Deus, e a Vontade de Deus esperava que todas as coisas fossem racionais e científicas. O melhor exemplo disso era a luz do Sol, pois "a luz do Sol beneficia a humanidade cientificamente por meio da energia da pirâmide; e nos traz benefícios espirituais ao ensinar-nos a Vontade de Deus. A luz do Sol é realmente uma coisa maravilhosa". Esse era o principal ensinamento do deísmo dele. A energia da pirâmide passou a ser mais tarde usada nas tecnologias de aviação e navegação.

A civilização da Atlântida alcançou seu auge há cerca de 12 mil anos, sob o grande líder e mestre religioso, o Senhor Onisciente e Onipotente Thoth. Thoth era um supergênio, um líder religioso, político, filósofo, cientista e artista. Esse grande líder criou na Atlântida o que poderíamos chamar de uma cultura multifacetada. Era particularmente dotado de vislumbres científicos, e como resultado a Atlântida construiu uma civilização científica de um grau muito superior ao da civilização de Mu.

Foram desenvolvidas tecnologias de aeronaves e submarinos por meio do uso do poder da pirâmide. As aeronaves da Atlântida eram de uma aparência bem esquisita. Tinham o formato de uma baleia, com 4 metros de diâmetro e cerca de 30 metros de comprimento. A metade superior da aeronave continha gás, para poder flutuar, e a metade inferior acomodava cerca de vinte pessoas. No teto eram montadas três pirâmides de prata, semelhantes a nadadeiras dorsais, que convertiam a energia solar que movia o propulsor montado na parte traseira. As aeronaves da Atlântida voavam somente em dias ensolarados. Em dias de chuva, os voos comerciais eram cancelados.

Havia também submarinos. Tinham 4 metros de largura e 20 metros de comprimento, feitos de uma liga especial e com o formato de uma orca. A orca era o símbolo da Atlântida. E embora alguns afirmem que o nome Atlântida deriva de um rei chamado Atlas, a palavra *Atlântida* também significa "orca dourada brilhante". Os submarinos também eram equipados com três pirâmides, que pareciam nadadeiras dorsais vistas de longe. Quando vinham à superfície, absorviam energia solar e então submergiam outra vez. Foi nesse momento que a Atlântida entrou em sua fase da onipotência científica.

8
A Era de Agasha

Após o período do Grão-Mestre Thoth, a Atlântida entrou na era da "onipotência científica". Mas como não havia um sucessor com a mesma genialidade de Thoth, as pessoas começaram a dar excessivo valor à ciência. Para algumas, a ideia de que "a ciência é tudo" nem sempre estava de acordo com a Vontade de Deus, e, portanto, achavam que a Vontade de Deus poderia ser encontrada de outro modo. Apareceram, então, vários reformadores religiosos atuando em grande escala ou com influência menor, pregando como os seres humanos deveriam ser. Esse período de competição altamente acirrada entre diversas escolas de pensamento durou cerca de mil anos.

A Atlântida começou a afundar por volta dessa época, isto é, há cerca de 11 mil anos. Primeiro, a terça parte leste do continente afundou no mar. Depois, há cerca de 10.700 anos, afundou a terça parte oeste. O continente da Atlântida ficou com apenas sua parte central acima do mar, mas mesmo assim o império ainda prosperou no meio do oceano.

Então, há cerca de 10.400 anos, algumas décadas antes de 8.400 a.C., um homem chamado Agasha nasceu ali, em Pontis, capital da Atlântida. Pontis era uma cidade com cerca de 700 mil habitantes. Vivia ali uma família real, o clã Amanda, que governava há várias gerações.

Agasha era um príncipe desse clã. Seu nome na infância era Amon. Aos 24 anos de idade, Amon foi coroado rei e mudou seu nome para Agasha, que significa, "aquele que preserva sabedoria". O Grande Rei Agasha foi uma das encarnações passadas de Jesus Cristo.

Assim como Ra Mu, o Grande Rei Agasha foi ao mesmo tempo líder político e líder religioso. Em seu palácio, havia um santuário dourado de 30 metros de altura em forma de pirâmide, onde ele conduzia rituais religiosos. Um aspecto peculiar de seu reinado era a pregação que ele fazia uma vez por mês aos cidadãos num grande espaço aberto, com capacidade para mais de 100 mil pessoas. Na época, já existia algo semelhante ao microfone sem fio que usamos hoje.

Os ensinamentos de Agasha baseavam-se sobretudo no amor, o que seria de esperar, já que mais tarde ele nasceria como Jesus. Embora o conteúdo da pregação variasse a cada vez, seus ensinamentos básicos giravam em torno de quatro pontos:

1. A essência de Deus é o amor, e a prova de que somos filhos de Deus é o amor que temos em nosso coração.
2. A maneira precisa de praticar amor é amando primeiro ao Senhor Deus, depois amando ao próximo, pois ele é uma ramificação de Deus, e finalmente amando a si mesmo, como servo de Deus.
3. Pelo menos uma vez por dia, você deve orar silenciosamente a sós e comunicar-se com seu Espírito Guardião e seu Espírito Guia.

4. A grandeza do ser humano é medida não pela quantidade de amor, mas pela qualidade do amor. Melhore a qualidade do seu amor.

Os ensinamentos de Agasha eram admiráveis e ele foi profundamente reverenciado pelo seu povo. No entanto, uma seita devota dos ensinamentos de Santo Cusanus (*Tathagata* Maitreya) passou a ver Agasha como um inimigo e decidiu matá-lo. A razão era que, enquanto Santo Cusanus ensinava que Deus era racional, dando grande ênfase à ciência e à lógica, Agasha pregava ensinamentos vistos como não científicos, ilógicos e irracionais, como o amor e a existência de Espíritos Guardiões e Espíritos Guias. Ou seja, aqueles que acreditavam em Santo Cusanus achavam que os ensinamentos de Agasha desencaminhavam as pessoas e iriam aos poucos enfraquecer as boas tradições da Atlântida.

Agasha foi sem dúvida uma figura extraordinária, e a nobreza de seu caráter era reconhecida por todos, mas as pessoas comuns da Atlântida julgavam a ciência onipotente, e não acreditavam em Espíritos Guardiões e Espíritos Guias, já que não podiam vê-los com os próprios olhos. Os deístas acabaram se rebelando e cometeram a atrocidade de capturar Agasha e a família real e enterrá-los vivos na praça da cidade. Os demônios vinham desafiar ativamente a Verdade que estava sendo pregada, como vemos acontecer agora no final do século XX.

Em meio a esse violento massacre, somente uma pessoa conseguiu escapar do ataque dos deístas e fugir sozinha do palácio embarcando numa aeronave: Amon II, primeiro filho de Agasha. Ele foi para o Egito e tornou--se o lendário Amon-Rá no mito do antigo Egito. Foi ali que iniciou o culto ao Sol. A forma original das pirâmides egípcias é fruto do conhecimento transmitido por Amon II.

Muitos Anjos de Luz nascidos na Terra em corpos físicos foram executados nesse massacre dos rebeldes, dando a impressão de que os demônios haviam vencido na Atlântida. No entanto, as nuvens escuras da energia de maus pensamentos que eles criaram encobriram todo aquele continente, fazendo a consciência da Terra reagir. Com isso, o império inteiro da Atlântida foi tragado pelo oceano num único dia. As pessoas testemunharam esse fenômeno inacreditável.

Como outras grandes civilizações antes dela, Atlântida terminou com o repentino afundamento de todo o continente. No entanto, uma vez mais, alguns habitantes escaparam em aeronaves e viajaram para a África, a Espanha e a cordilheira dos Andes, na América do Sul, onde plantaram as sementes de novas civilizações.

9
As Transições da Civilização Moderna

Após o colapso da Atlântida, as civilizações espalharam-se pelo mundo de diferentes formas. Primeiro, Amon II, que fugiu para o Egito, foi cultuado ali como divindade e ensinou as pessoas a terem fé na luz. Também transmitiu aos egípcios, que viviam sobretudo da agricultura e da pecuária, vários conhecimentos com os quais eles construiriam sua civilização. As pirâmides erguidas mais tarde seguiram o modelo da pirâmide particular onde Amon-Rá realizava seus cultos. Mais tarde, no Egito, apareceu Clario, uma das vidas passadas de Jesus Cristo. Isso foi há 4 mil e algumas centenas de anos. Clario guiou as pessoas com base em uma combinação de fé no Sol e fé no amor.

Enquanto isso, no continente da América do Sul, descendentes de Mu e da Atlântida construíram juntos uma civilização de características únicas. Seus membros acreditavam que os seres do espaço eram deuses, e desenvolveram uma cultura baseada na comunicação com esses seres. Chegaram a construir uma base nas montanhas andinas onde espaçonaves podiam pousar e decolar, a fim de promover esse intercâmbio com alienígenas; por um tempo, eles ficaram absortos nessa ideia.

No entanto, há cerca de 7 mil anos, nasceu entre os antigos incas das montanhas andinas um espírito que se tornaria rei, chamado Rient Arl Croud. Ele declarou que os seres do espaço não eram deuses. Ensinou às pessoas a natureza mística do mundo do coração, afirmando que Deus não se encontrava fora de nós, e sim dentro do nosso coração. Ele também ensinou que o verdadeiro propósito da vida humana era explorar os mistérios do mundo do coração, e que era importante aproximar-se de Deus elevando o coração.

Rient Arl Croud era na realidade uma reencarnação do corpo energético de Ra Mu, do continente de Mu, e de Thoth, da Atlântida. Esse mesmo corpo energético mais tarde pregaria o Darma Búdico na Índia como Sidarta Gautama, ou Buda Shakyamuni. Diferentemente das almas da quarta ou quinta dimensão, as da nona dimensão são imensos corpos energéticos de luz, então é mais correto dizer que somente uma parte desse corpo energético desce à Terra do que afirmar que é o mesmo indivíduo que nasce aqui de novo. Isso é o que ocorre com Jesus também.

Seguindo adiante, há cerca de 3.700 ou 3.800 anos, Zeus apareceu na região da atual Grécia. Mais tarde chamado de "onisciente e onipotente", Zeus era excelente tanto nos estudos quanto nas artes. Por ser o encarregado das artes em geral na nona dimensão, ele construiu uma cultura deslumbrante na Grécia. Um traço distintivo de seus ensinamentos era dar livre vazão à natureza humana. Ele não aprovava uma religião que causasse sofrimento às pessoas fazendo com que se sentissem pecadoras, então colocou energia em cultivar uma natureza humana alegre e livre. Por isso, os deuses da mitologia grega são tão alegres e cheios de vida.

Há cerca de 3.200 ou 3.300 anos, Moisés nasceu no Egito. Filho de escravos, foi colocado numa cesta de junco e deixado à deriva. Felizmente, foi encontrado e criado no palácio real. Ao crescer, Moisés, que descobriu ser filho de escravos, mais tarde acabou liderando centenas de milhares de pessoas num êxodo que as levou a cruzar o mar Vermelho até Canaã. Moisés recebeu várias revelações de Deus ao longo da vida, como os famosos "Dez Mandamentos".

Então veio Jesus Cristo, há 2 mil anos, entre o povo de Israel. Jesus, que pregou ensinamentos de amor, acabou sendo crucificado, e depois ressuscitou e apareceu diante de seus discípulos. Sua ressurreição foi na realidade a materialização de seu corpo espiritual, mas, para que seus discípulos aceitassem sua ressurreição, decidiu mostrar-se capaz de comer e de fazer outras coisas próprias de um ser material. No entanto, ficou evidente que a ressurreição de Jesus não era a de seu corpo físico, e sua ascensão também esclareceu isso.

Embora Jesus estivesse recebendo orientação de mais de um espírito a partir do Mundo Celestial, foi Hermes quem o guiou em seus ensinamentos essenciais de amor e fé e em sua ressurreição. A razão pela qual o cristianismo se tornou mais tarde uma religião mundial é que Jesus efetivamente abandonou a fé no antigo deus judaico da vingança (fé em Javé) passando a acreditar no Deus do Amor (El Cantare). Mesmo assim, foi o deus da vingança que causou a crucificação de Jesus. De qualquer modo, a elevação de Jesus de mero profeta a Cristo (Salvador) e a difusão de seus ensinamentos por todo o Império Romano e a Europa em gerações posteriores podem ser vistas como decorrentes em grande parte do poder de Hermes e seu grupo de deuses gregos.

Enquanto isso, no Oriente, há mais de 2.500 anos, Buda Shakyamuni ensinava o budismo na Índia e, além dele, Confúcio difundia o confucionismo na China. Como vemos, as sementes das Leis foram plantadas em vários lugares ao redor do mundo e moldaram a atual civilização.

10
Rumo à Era de Ouro

Quando examinamos a história das civilizações no último milhão de anos que levou à nossa atual civilização, podemos observar vários traços em comum. São eles:

1. Toda civilização tem seu apogeu e sua decadência.
2. Deus (ou Buda) sempre envia a cada civilização magníficos Grandes Espíritos Guias de Luz.
3. Quando uma civilização alcança seu auge e sua luz brilha mais intensamente, o mal passa a desafiar ativamente. Quando a humanidade fica coberta pelas nuvens escuras da energia de pensamentos negativos, é inevitável que ocorram grandes catástrofes, como o deslocamento do eixo da Terra ou o afundamento de continentes.
4. Uma nova civilização herda os traços da civilização anterior, mas sempre busca uma escala de valores diferente.
5. No entanto, não importa qual seja o tipo de civilização, o fato é que ela serve como campo de treinamento necessário para os seres humanos aprimorarem sua alma no processo de reencarnação.

Se examinarmos a atual civilização à luz desses cinco traços comuns, podemos dizer que o período a partir da segunda metade do século XX se parece muito com as civilizações de Mu e da Atlântida em seus últimos anos.

Por exemplo: esta era atual tende a achar que a ciência é tudo e promove a difusão de pensamentos materialistas; o coração das pessoas está degradado e os males sociais têm amplo crescimento; e em vários lugares do mundo surgem muitos líderes religiosos que desencaminham as pessoas, ao lado de líderes religiosos sinceros.

Ao compararmos o que ocorreu com as civilizações do passado com o estado da civilização atual, podemos determinar o que acontecerá no futuro. Além disso, como a atual civilização não está concentrada num único continente, mas espalhado pelo mundo, caso ocorram desastres naturais, eles terão escala global. Não só isso; é bem provável que venham a ocorrer já nas próximas décadas.

Tendo por base as informações que acabei de mencionar, é fácil para mim falar como um profeta. Afinal, consigo prever as catástrofes que terão lugar na Terra, assim como o destino da humanidade.

Seja como for, uma coisa não posso deixar de dizer: não importa qual seja a escala da confusão, não será o fim do mundo. Muitos incidentes de grandes proporções aconteceram em civilizações passadas, levando as pessoas a achar que se tratava do fim do mundo, mas, mesmo assim, a humanidade sempre conseguiu construir um novo paraíso de esperança ou uma civilização cheia de luz.

Do mesmo modo como o homem passa por sucessivas reencarnações, a civilização como o conjunto de todos os seres humanos também tem um ciclo de encarnações. Isso significa que há nascimento e morte também para ela. Em outras palavras, as civilizações da Terra são cíclicas. Portanto, por favor, tenha plena consciência dessas palavras: "O fim de uma coisa é o início de outra".

Estou escrevendo este livro, *As Leis do Sol*, à medida que estou recebendo revelações da nona dimensão, o Reino Cósmico, justamente porque está bem próximo o momento em que a Terra inteira mergulhará temporariamente na escuridão. Quando o mundo mergulha nas sombras, precisamos da luz de um farol em algum lugar. Precisamos da luz da Verdade Búdica em algum lugar. Este livro, *As Leis do Sol*, é justamente o Sol da Verdade Búdica que agora se ergue, e também a luz para a nova civilização que está para nascer.

A humanidade inaugurará uma nova civilização no século XXI, após décadas de caos e destruição. E essa nova civilização se expandirá a partir da Ásia. Do Japão, ela se difundirá para o Sudeste Asiático, para a Indonésia e depois para a Oceania.

Alguns dos atuais continentes acabarão afundando no oceano, mas um novo continente de Mu virá à superfície no oceano Pacífico, onde será construída uma esfera gigante de civilização.

Em algum momento, partes da Europa e da América do Norte também afundarão no oceano. No entanto, o antigo continente da Atlântida ressurgirá na forma de um continente ainda maior. Nessa nova terra, Jesus Cristo está programado para renascer por volta do ano de 2.400. Além disso, por volta de 2.800, está previsto que Moisés reencarnará para construir uma nova civilização espacial no continente da Nova Garna, que deve ressurgir no oceano Índico.

Alguns dos leitores deste livro provavelmente irão reencarnar nesse período em que Jesus ou Moisés voltará e ouvirão suas leis. Mas a precondição para a existência dessas civilizações do futuro é fazermos o Sol da Verdade Búdica se erguer no Japão. Quando o mundo mergulhar nas trevas, o Japão será como o Sol e brilhará. Nesse sentido, aqueles que nasceram nesta era, no Japão, têm uma importante missão. Muitos daqueles que já nasceram na era de Ra Mu, Agasha, Buda Shakyamuni ou Jesus Cristo, para ajudar a difundir a Verdade Búdica, renasceram agora no Japão. Um grande número de *bodhisattvas* de luz nasceu no Japão. Tenho certeza de que muitos deles estão entre meus leitores.

NOTAS

1. Na edição anterior, usei o termo *Lemúria*, mas como alguns estudiosos confundem a Lemúria com o continente de Mu, usei nesta edição o termo *Ramúdia*, comumente usado no tempo em que essa civilização existiu. (N. do A.)

2. Na edição anterior, usei o termo *Gonda-Ana*, mas preferi o termo *Garna* na presente edição, pois era o nome usado na época em que a Civilização de Garna existiu, e assim evito confusão com o antigo supercontinente de Gondwana, como é chamado no campo da geofísica. Garna e Gondwana eram diferentes em tamanho e existiram em épocas distintas. (N. do A.)

CAPÍTULO SEIS

O CAMINHO RUMO A EL CANTARE

1
Abra os Olhos

Caro leitor, você não é um ser que nasceu na Terra apenas uma ou duas vezes. Como vimos no resumo da história do último milhão de anos no Capítulo Cinco, muitas civilizações floresceram e pereceram, enquanto vários continentes afloraram à superfície e afundaram. Você acredita que essas pessoas que nasceram em cada uma dessas civilizações não têm nenhuma relação com você? Será que essas pessoas apareceram do nada?

A resposta é não. Na realidade, foi você mesmo a pessoa que nasceu naquelas eras e viveu naquelas civilizações, na Atlântida ou em Mu. No fundo da alma de cada um, dentro do repositório de tesouros da sua memória, existe sem dúvida um registro de você tendo nascido no passado, em dezenas ou mesmo centenas de civilizações. Isso não é algo próprio apenas de pessoas de um tipo especial, dotadas de aptidões espirituais; todos temos igualmente essas memórias da alma. Mas, pelo simples fato de residirem num corpo físico, as pessoas esquecem a sabedoria que adquiriram por meio de longos anos de reencarnação.

Quem você acredita ser não é seu verdadeiro eu; é apenas uma fantasia. O corpo físico é apenas um barco ou um carro para que a alma possa realizar seu aprimoramento neste mundo. Você é o capitão do barco, o motorista do carro; mas o barco ou o carro não são você. Portanto, agora eu gostaria que acordasse para o outro eu que controla seu corpo físico. Eu gostaria que você encontrasse seu verdadeiro eu.

Se você acredita que compreendeu totalmente o mundo a partir do conhecimento que adquiriu em uma ou duas décadas de educação escolar, está terrivelmente enganado. Se você se nega a explorar quem realmente é, acha que alguém irá se dar ao trabalho de lhe dizer isso? Para conhecer seu verdadeiro eu, você precisa explorar por conta própria quem é esse seu verdadeiro eu.

Mas o que significa conhecer seu verdadeiro eu? Em outras palavras, significa perceber a verdade a respeito de sua alma. E para isso, você precisa explorar seu coração de maneira exaustiva. Se você mesmo não fizer isso, quem poderá lhe dizer essa verdade? Se você mesmo não é capaz de dizer quem é de verdade, quem fará isso por você? Iluminar-se é encontrar seu verdadeiro eu. É ser capaz de discorrer por si mesmo sobre o verdadeiro coração do verdadeiro eu. Em termos simples, é ser capaz de dizer com toda a confiança: "Este sou eu".

As almas humanas se ramificaram de Buda e são como a obra de arte da autoexpressão de Buda. No entanto, como foi dada aos seres humanos a liberdade de criar e de agir, eles acabaram vivendo de uma maneira muito egoísta, como na história do Rei Macaco[1]. Em pouco tempo as pessoas se esqueceram de Buda, o Pai, se esqueceram da Vontade de Buda e levaram vidas mundanas preenchidas por desejos egoístas e materiais. Ficaram decisivamente corrompidas quando se apegaram mais a este mundo terreno que ao Céu do Mundo Real. Assim, foi criado um lugar de desejo e discórdia no outro mundo, idêntico ao mundo terreno, e que acabou se tornando o Inferno.

   Conhecer a si mesmo significa saber que é filho de Buda. É conhecer a Vontade de Buda. Abrir os olhos é despertar para a sua espiritualidade e abrir seu coração para a existência do Mundo Real da quarta dimensão e acima. Você pode escolher continuar dormindo se estiver satisfeito consigo da forma como você é hoje e com sua visão da humanidade. Mas, se quiser abrir os olhos orientados à verdade, deve primeiro explorar seu próprio coração, pois nele você encontrará as chaves para o Reino de Buda.

2
Abandone Seus Apegos

Para se conhecer, você deve abandonar a si mesmo. Para conhecer seu verdadeiro eu, deve abandonar seu falso eu. Ou seja, perceber seu falso eu é o primeiro passo para se livrar dele. Portanto, vou começar fazendo uma lista dos diversos tipos de falsos eus.

1. O EU QUE EXIGE AMOR DOS OUTROS

O primeiro da lista de falsos eus é aquele que só pensa em exigir amor dos outros. O Buda Primordial nos deu o universo. Ele também nos deu uma alma humana e um corpo humano. Foi Buda quem nos concedeu tudo, o Sol, o ar, a água, bem como a terra, o mar, os animais, as plantas e os minerais. Mesmo assim, Buda não espera nenhuma recompensa.

Então, se os seres humanos vivem num mundo em que tudo lhes é simplesmente dado, por que só pensam em obter ainda mais para si? De quanto amor precisam mais para ficarem satisfeitos depois de Buda já ter lhes dado tanto amor? Somente as pessoas que não têm consciência do amor de Buda é que pensam apenas em cobrar amor dos outros. Mas o que é exatamente esse amor dos outros do qual elas tanto estão ávidas para reivindicar? É o desejo de ser valorizado pelos outros com base em valores muito mundanos.

Mas qual o sentido de ser reconhecido com base em valores mundanos? Qual é a utilidade de conseguir uma boa reputação dessa maneira materialista da terceira dimensão? Você acha que isso o ajudará a crescer? Um coração preenchido desse modo, por amor a si mesmo, é uma barreira erguida entre você e os outros, e pode acabar criando cercas de arame farpado ao redor do mundo, transformando-o numa espécie de zoológico. Por que você não percebe isso? Porque está apegado a falsos valores. É por isso que não percebe. Enquanto o seu coração continuar cheio de apegos, você não conseguirá alcançar a verdadeira felicidade.

2. O EU QUE NÃO ACREDITA EM BUDA

Os mais dignos de pena são aqueles que não acreditam em Buda, ou que não acreditam que o mundo é uma criação de Buda. Essas pessoas creem que os seres humanos nascem por acaso, fruto de uma relação sexual, e que cada humano vive isolado, como um indivíduo separado do resto. Esse é o falso eu do qual deveríamos sentir mais pena.

"Não acredito na salvação por meio de Buda. Se você quiser que acredite, mostre-me provas." Esse tipo de declaração que algumas pessoas fazem equivale a colocar Buda em julgamento. Indica que se tornaram tão arrogantes que se consideram superiores, a ponto de poder julgar Buda. Porém, os seres humanos não conseguem provar a existência de Buda, o Ser que vem guiando a humanidade antes mesmo que a Terra fosse criada. Se essas pessoas querem provas, elas as terão ao morrer e voltar ao outro mundo. Mas então provavelmente será tarde demais. Estarão num mundo de escuridão total, num estado de tamanha confusão que não conseguirão provar sequer a própria existência.

3. O EU QUE NÃO SE DEDICA DILIGENTEMENTE

O terceiro falso eu é o que não se esforça, que não faz nenhum esforço diligente. Esse tipo de falso eu revela, em primeiro lugar, um eu preguiçoso; em segundo, é um eu que não se interessa em estudar a Verdade Búdica; em terceiro, é um eu que não julga os outros de maneira imparcial; e em quarto lugar, é um eu que não tem uma mente sincera, receptiva e aberta. Buda espera que os seres humanos façam esforços eternamente. Portanto, aqueles que não se esforçam não podem ser chamados de filhos de Buda. Você se esforça todos os dias? Aprofunda diariamente seus estudos da Verdade Búdica? Consegue avaliar de maneira justa as capacidades reais e o real valor dos outros? Além disso, vive de maneira sincera, receptiva e de mente aberta? O ser humano que não tem essa postura, não tem como melhorar. Não pode ter uma verdadeira aprendizagem da alma. Possuir essa natureza é uma virtude, e por si só já é algo que está de acordo com o coração de Buda. Portanto, se você sempre fica criando narrativas e não tem disposição para ouvir os outros e tentar entendê-los, isso mostra que não tem uma mente sincera, receptiva e aberta.

4. O EU CHEIO DE APEGOS

O falso eu, em resumo, é aquele eu cheio de apegos. Conhecer seu verdadeiro eu é viver todos os dias como se o coração de Buda fosse o seu. E isso significa viver todos os dias sabendo que este mundo é um lugar temporário, no qual você treina sua alma, e que no final deverá abrir mão de tudo e voltar ao outro mundo. Por maior que seja seu apego a esse mundo, uma hora você precisará deixá-lo e partir para o outro.

A vida é impermanente, por isso você deve viver cada dia como se fosse o último, pois nunca sabemos quando teremos de encarar a morte. No Céu, ninguém tem apego a este mundo. Mas todos no Inferno são apegados a ele. Não se esqueça desse fato nem por um instante.

3
Seja Ardente como Ferro em Brasa Incandescente

Abandonar apegos é uma grande decisão na vida. É uma sábia decisão que garantirá a felicidade em sua vida eterna. Mas isso não quer dizer de modo algum que você deva viver de modo passivo e negativo. Quando abandona seus apegos, uma vida positiva e ousada se abre diante de você.

Dê uma boa olhada nas pessoas ao seu redor. Veja como são frágeis aquelas que têm apegos. Qual é a razão de se apegarem tanto ao seu *status* ou reputação, ou de ficarem comparando sua renda com a dos outros? Por que se importam tanto em ostentar o prestígio das universidades que frequentaram ou das empresas nas quais trabalham? Por que se preocupam tanto em tentar parecer boas ou em satisfazer a própria vaidade? Qual é o bem que pode lhes fazer, se é que algum, ao ficarem obcecadas com essas coisas? Qual é o bem que traz, se é que algum, ganhar a admiração dos outros? Ah, como são efêmeros, vazios e irrelevantes os apegos humanos aos olhos do Buda Primordial, um Ser de grandeza ainda maior que os limites distantes do Grande Universo. Você consegue entender isso?

É só quando você abandona todos os apegos mundanos e faz seu entusiasmo arder como ferro em brasa incandescente que sua vida é verdadeira. É só assim que você vive como filho de Buda. É só assim que sua vida será reconhecida por Buda, você não concorda? O *status*, a fama ou a riqueza que os seres humanos constroem neste mundo não podem ser levados para o outro mundo ao morrer. Nenhum tipo de título ou honraria deste mundo tem algum sentido lá. Você sabe quantos ex-primeiros--ministros do Japão estão agora sofrendo no Inferno? Milhares de presidentes de grandes companhias, um cargo altamente invejável, caíram no Inferno da Luxúria, no Inferno da Discórdia ou no Inferno das Bestas. Você sabia disso? Em vida, eles souberam ganhar muito dinheiro, cederam ao impulso de satisfazer seus desejos sexuais com várias mulheres. Sabia que eles estão pagando o preço chamado sofrimento só por causa de poucas décadas de prazer, e que terão de pagar por vários séculos? O Inferno não é uma lenda antiga inventada para assustar as pessoas; ele de fato existe. Existe implacavelmente.

As pessoas que já dominam a Verdade Búdica podem ver com facilidade a condição daqueles que sofrem no Inferno, tão claramente como se pode enxergar um peixinho dourado dentro de um aquário. Todas as pessoas no Inferno têm uma coisa em comum: quanto mais viveram apegadas a este mundo terreno, mais profundo se torna o sofrimento delas.

O ser humano é seu coração. É sua alma. Portanto, ao morrer, a única coisa que você leva para o outro mundo é seu coração. O coração é tudo. Apenas quando você perceber isso, poderá se conformar e encarar a realidade espiritual. Se a única coisa que você leva de volta com você é seu coração, então precisa levar um belo coração, no mínimo. Mas o que é um belo coração? É um coração que faria Buda elogiá-lo. E Buda elogia um coração cheio de amor. O coração que doa, nutre, perdoa e sente gratidão. Portanto, para poder levar um coração assim de volta com você ao outro mundo, não acha que você deve ter um entusiasmo ardente como ferro em brasa incandescente ao buscar lapidar e elevar o seu coração?

O que você imagina que é o oposto do apego? É o amor. Porque amar é dar. E que apego poderia existir em dar amor continuamente a fim de nutrir os outros? Portanto, para se livrar de seus apegos, comece dando amor.

O que você tem feito por seus pais, que se doaram tanto por você? O que tem feito por seus irmãos? Você tem correspondido às expectativas de seus professores, que foram atenciosos com você? O que tem feito por seus amigos? O que fez pelas pessoas que cruzaram o seu caminho pela vida afora? O que fez pelas pessoas próximas? O que tem feito pela sua namorada ou namorado? E pela sua esposa ou esposo? Ou o quanto você, ao criar seus filhos, consegue lembrar os esforços que seus pais fizeram nesse sentido por você? Você foi capaz de perdoar alguém de quem alimentava rancor? Conseguiu hoje acalmar seu coração cheio de raiva? O quanto tem correspondido ao amor de Buda, à medida que veio avançando bravamente na trajetória de sua vida?

4
A Vida É uma Sucessão de Desafios Diários

Depois que você abre mão dos apegos mundanos, fica com o coração exposto e decide viver como filho de Buda, o que deve fazer exatamente? Não é ir para as montanhas, ficar debaixo de uma cachoeira, jejuar ou ficar sentado meditando todos os dias. Os seres humanos não nasceram para viver reclusos nas montanhas. Tampouco nasceram para jejuar. Não é assim que você pode alcançar a iluminação; afinal, não foi exatamente isso o que Buda Shakyamuni provou, na Índia, há 2.500 anos?

Para que a vida dele não tenha sido em vão, você precisa perceber que aquilo que leva à iluminação não é encontrado em disciplinas físicas desse tipo. O que leva à verdadeira iluminação não se encontra nem numa vida de prazeres sensuais extremos, nem num treinamento ascético que torture o corpo. A vida que Buda espera que você viva é a do Caminho do Meio, quando esses dois extremos são evitados. É claro, embora o ser humano seja o seu coração e sua alma, isso não significa que você possa negligenciar seu corpo físico. Ele é um veículo valioso que você recebeu de Buda, através de seus pais, para poder empreender um aprimoramento da vida.

Há pessoas que todos os dias ficam polindo o seu carro, que pode ser facilmente adquirido com dinheiro, tratando-o como um carro de estimação. Mas se elas se dispõem a colocar tanta energia em seus carros, deveriam cuidar mais ainda do próprio corpo e de sua saúde, exercitando-se adequadamente e tendo uma alimentação equilibrada. Também deveriam dormir o suficiente e levar uma vida regrada. Além disso, devem evitar que a alma seja controlada por bebidas alcoólicas, pois isso turva o raciocínio e a capacidade intelectual. Aqueles que não conseguem mais viver sem o álcool perdem a razão, e seu corpo acaba sendo possuído por demônios do Inferno; no final, abrem mão até do próprio corpo. O resultado é sempre o fracasso no trabalho e a destruição da família.

É fácil dizer que devemos evitar os extremos e adotar o Caminho do Meio em nossa vida, mas praticar isso é bem difícil. Quanto mais você refletir a respeito, mais compreenderá o quanto o Caminho do Meio é profundo. Então, como levar uma vida no Caminho do Meio? Como encontrar as referências para tanto? Essas são as próximas dúvidas das pessoas.

Para trilhar o Caminho do Meio, você precisa seguir duas diretrizes. A primeira, sem dúvida, é a da autorreflexão, baseada nos Oito Corretos Caminhos. A outra é a da autocontemplação, centrada na teoria dos Estágios de Desenvolvimento do Amor. Eu gostaria que você vivesse orientando-se por essas duas diretrizes.

Os Oito Corretos Caminhos ensinam que você deve ver corretamente, pensar corretamente, expressar-se corretamente, agir corretamente, viver corretamente, dedicar-se corretamente, mentalizar corretamente e meditar corretamente. É com essa prática que você consegue corrigir, à luz do critério da retidão, os pensamentos e ações que tenham se deslocado a extremos, e encontrar o Caminho do Meio. Em resumo, é entrando no Caminho do Meio que você consegue viver em grande harmonia com os outros. Fique ciente, porém, de que ficar só praticando a autorreflexão à luz do que é certo, também gera o risco de tornar sua vida muito passiva e pessimista. Ou seja, ficar excessivamente preocupado com a autorreflexão pode impedi-lo de avançar em sua vida.

O próximo passo, depois que tiver refletido bem a respeito de si mesmo, é avaliar como expressar isso com seu coração e suas ações. Por meio da diciplina de gratidão. E como é a disciplina da gratidão? Será que é dizer sempre "obrigado" aos outros? Sim, com certeza, essa é uma das maneiras. Mas a verdadeira disciplina da gratidão é mais proativa. Encontramos a verdadeira disciplina da gratidão quando nos perguntamos "o que você fez pelos outros?".

A disciplina da gratidão é um ato de amor. Amor que se dá. Amor que se dá continuamente. É a prática do amor incondicional. É assim que deve ser a verdadeira disciplina da gratidão. E, então, de tempos em tempos, pergunte a si mesmo se está no estágio do "amor fundamental", do "amor que perdoa" ou do "amor encarnado". Em resumo, é preciso que você faça uma autocontemplação do seu crescimento pessoal. Você pode medir com precisão seu crescimento usando a teoria dos Estágios de Desenvolvimento do Amor.

Ao fazer isso, conseguirá avanços diários.

Reflexão e progresso – essas duas referências são provas de uma verdadeira vida como filho de Buda. Portanto, faça uma reflexão todos os dias, evite pensamentos e ações extremos e faça uma autocontemplação diariamente para verificar se está progredindo. Só então poderá dizer que está vencendo os desafios diários da vida.

5
Quando a Vida Cintila

Na vida, você precisa de reflexão e progresso. No entanto, apenas isso não é suficiente para deixar a vida vibrante e colorida. Você precisa de cintilações em sua vida também. O que são exatamente essas cintilações? O que realmente são? Vamos refletir sobre isso.

Cintilações são momentos em que a luz resplandece com toda a sua cor. Acredito que há três momentos de cintilação na vida. Vou falar agora sobre eles.

O primeiro é quando você se recupera de uma doença. A doença é realmente um tempo de provação na vida. A maneira como enfrenta esse desafio é um teste para ver que tipo de pessoa você é de fato. A doença é uma provação em dois sentidos. Um é que ela é acompanhada de sofrimento físico. E o outro sentido é o do sofrimento mental.

O sofrimento físico costuma ser causado por um estilo de vida irregular, por excesso de trabalho ou por pensamentos errôneos. Portanto, quem sofre de alguma doença deve compreender que não é só seu corpo que está enfermo, seu coração também. E deve refletir profundamente sobre a razão pela qual seu corpo físico está sofrendo.

Podemos afirmar que até 80% das pessoas doentes estão sendo possuídas por algum tipo de espírito; em muitos casos, é o espírito de uma pessoa falecida que usa o corpo da pessoa doente, e então as duas sofrem enquanto o suor escorre da mesma forma. Temos prova disso ao ver casos em que, quando o espírito obsessor é removido, a febre da pessoa adoecida baixa de imediato e ela se levanta da cama, sentindo alívio tanto em seu coração como no seu corpo. Isso mostra o quanto o corpo humano é suscetível a influências espirituais.

O que os espíritos obsessores mais detestam são a reflexão e a gratidão. Isso porque, quando as pessoas que estão doentes começam a praticar a reflexão e sentem gratidão, emitem uma aura pela parte de trás da cabeça, e com isso a sintonia deixa de ocorrer e o espírito obsessor não consegue mais continuar possuindo.

Para poder projetar essa aura com maior brilho ainda, é necessário dissolver o sofrimento mental. Para tanto, é preciso primeiro verificar seus apegos, um por um, e removê-los. Isso pode soar irônico no caso de pessoas doentes, mas só quando elas removem seus apegos e alcançam o estado de espírito em que se sentem prontas para morrer a qualquer momento é que a luz da Verdade Búdica entra nelas com a ajuda do Espírito Guardião e do Espírito Guia, e elas se recuperam rapidamente da doença. Esse é um momento miraculoso.

Aqueles que experimentaram esse momento miraculoso de recuperação de uma doença passaram por uma grande conversão e um grande renascimento. Além disso, essa cintilação não é apenas uma luz para a própria pessoa, mas uma luz de seu coração que ilumina os demais.

O segundo momento de cintilação é quando você desperta para a fé. A diferença entre uma vida sem fé e uma vida com fé é como a diferença entre uma pessoa que vive às cegas numa noite escura e outra que tem uma lanterna iluminando seu caminho. A terceira dimensão é um mundo baseado em coisas materiais, mas, se você fica absorto nas coisas materiais e começa a acreditar que as ideias materialistas são a Verdade, irá perseguir cada vez mais apenas prazeres físicos, ou apenas se concentrar em conflitos.

Em resumo, você se torna uma pessoa que esqueceu a existência do olhar de Buda, isto é, entra num dos estados mais deploráveis como ser humano. A fé é o raio de luz que ilumina seu caminho à noite. Somente essa luz permite que seres humanos cegos abram pela primeira vez os olhos para o Mundo Real.

O terceiro momento de cintilação é quando você recebe revelações espirituais pelo fenômeno das mensagens espirituais. Isso ocorre quando o portal do seu coração se abre e as palavras do seu Espírito Guardião e do Espírito Guia, que estão na sua camada subconsciente, passam a ser transmitidas a você.

É algo bem diferente dos fenômenos de canalização espiritual que algumas novas religiões baseadas na paranormalidade adotam para exibir poderes mediúnicos, e que não são nada além de brincadeiras de espíritos de *sennins*, que geralmente enviam mensagens sem sentido e fazem 99% dos médiuns sofrerem perturbações mentais após essas experiências.

Ao contrário disso, as mensagens espirituais da Happy Science têm uma característica distinta: são fenômenos que envolvem espíritos superiores, ocorrem apenas com aqueles que alcançaram elevado nível de iluminação e trazem mensagens que contêm as Leis de alto nível. Por isso, as pessoas que as recebem estão sempre protegidas por espíritos superiores. Além disso, outras pessoas podem experimentá-las em segunda mão quando estudam as Leis. Isso é uma coisa realmente maravilhosa. Nesse sentido, podemos dizer que receber mensagens espirituais de espíritos superiores, seja direta ou indiretamente, é o terceiro momento de cintilação na vida.

6
Tempo de Diamante

Para viver a vida de forma vigorosa, você precisa fazer um uso correto do seu limitado tempo de vida. As almas humanas renascem na Terra a intervalos de centenas ou milhares de anos. Portanto, é uma experiência preciosa. No entanto, a maioria das pessoas passa o tempo à toa, sem buscar profundamente o sentido da vida. É um desperdício. Mesmo que nos derradeiros anos de sua vida você se torne consciente da existência de Buda, desperte para a fé e queira refazer sua vida, não conseguirá recuperar o tempo perdido, pois o tempo sempre segue como a flecha disparada de um arco ou como as águas de um rio. Portanto, abençoados são aqueles que despertaram para a Verdade Búdica cedo na vida. E, se conseguirem viver de acordo com a Verdade Búdica ao longo da vida, melhor ainda. Obviamente, isso não significa que aqueles que só encontraram a Verdade Búdica mais tarde estejam perdidos. Mesmo despertando depois, podem ter uma existência maravilhosa se estiverem suficientemente determinados a viver de maneira significativa e frutífera.

Existe um segredo na vida: é meditar sobre o momento de sua morte. Com frequência, medite a respeito do que você provavelmente irá pensar e sentir ao morrer. Nessa hora, talvez pense: "Estou feliz por estar vivo" ou "A vida é realmente uma coisa maravilhosa". Se você for capaz de pensar desta forma, significa que sua vida terá sido feliz. No entanto, há pessoas que sentem brotar de dentro delas uma série de arrependimentos no momento da morte. São dignas de pena. Ao morrer e voltar ao outro mundo, são colocados para reconhecer os erros da vida toda e se arrepender diante dos espíritos superiores; ali, a vida que tiveram é exibida de forma muito vívida, como numa tela de tevê, na frente de muitas outras pessoas.

Ou seja, ao morrer e voltar ao outro mundo você verá exatamente que tipo de pessoa é aos olhos de Buda. Nessa hora, nenhuma mentira ou justificativa irá adiantar. Você saberá, pelos olhares e reações de muitas pessoas, para onde deve ir. Aqueles que vão para o Inferno escolhem isso eles mesmos, pois, ao descobrir que tipos de pessoas são, sentem-se muito envergonhados para viver no Céu. Explicando ao estilo da física, significa que sua frequência espiritual é grosseira e não se sintoniza com a frequência serena dos demais. Dito de outro modo, a consciência deles se tornou muito materialista e própria da terceira dimensão, o que os deixa com uma "densidade" maior e faz com que afundem.

Também há pessoas que recebem aplausos dos outros quando sua história de vida é exibida no Mundo Real após sua morte. Por exemplo, quando a tela mostra uma cena em que elas percebem os erros que cometeram em vida e vertem lágrimas, pedindo perdão a Buda em oração, são aplaudidas por aqueles que estão no outro mundo, que vão até o espírito do recém-chegado; uns dão um tapinha em seu ombro, outros apertam sua mão. E quando a tela mostra o momento em que decidem dedicar a vida a difundir a Verdade Búdica, os *bodhisattvas* de luz derramam lágrimas de alegria.

Não sei ao certo daqui a quantos anos ou décadas isso vai ocorrer com você, mas é esse o cenário que o aguarda. Essa hora com certeza chega para todos. Por isso, é importante você viver sempre pensando no momento da sua morte, ou melhor, questionando se está levando um estilo de vida que não lhe traria arrependimentos mesmo que ela terminasse amanhã. Pergunte-se: quando morrer, vou sentir alguma vergonha em relação ao tipo de vida que tenho agora? Sentirei remorsos? Como vou enxergar as coisas à luz da minha consciência?

Para que seu tempo de vida resplandeça como um diamante, você precisa mudar sua consciência e seu modo de pensar. Ou seja, faça uma pausa de vez em quando e imagine o momento de sua morte, refletindo sobre o modo como tem vivido até então. É o mesmo que praticar a reflexão do ponto de vista de um espectador imparcial bem-intencionado. Esse é o segredo para viver o tempo de diamante. É o segredo para levar uma vida significativa e que cintila.

7
Alimente um Sonho

Todos precisamos de um sonho na vida. Não há esperança na vida se não houver um sonho. Sem dúvida, também é importante que você reflita sobre seus pecados e recupere suas boas intenções. Mas será que uma vida de anular o negativo com o positivo e chegar no zero é o suficiente? Alimentar um sonho significa planejar sua vida da melhor maneira que você puder. Ao construir uma casa, por exemplo, os arquitetos elaboram uma planta que os empreiteiros utilizam para erguer uma construção magnífica. Mas o arquiteto de sua vida é você mesmo, ninguém mais. Portanto, se você não define um belo projeto, a construção vira uma bagunça. Se você coloca todo o cuidado na elaboração de uma planta para construir sua casa, por que negligenciar a tarefa de projetar a própria vida? Isso significa que você vive de um jeito descuidado. Uma grande quantidade de pessoas vive resolvendo as coisas à medida que aparecem, sem qualquer planejamento.

Na realidade, traçar um plano para a sua vida não exige pensar muito a respeito. Basta alimentar um sonho e visualizá-lo. Uma pessoa que alimenta um sonho tem um nível de confiança para viver muito maior do que uma pessoa que não tenha nenhum sonho. Um poder de persuasão muito maior. Se você conhece uma pessoa que tem um sonho, você se sente feliz o resto do dia, com inspiração para assumir desafios e, ao mesmo tempo, fica motivado a ajudá-la a conquistar seu sonho.

Existe algo em abraçar um sonho que fascina as pessoas. Tenho certeza de que, ao longo da história, todos aqueles, sem exceção, que realizaram grandes feitos que foram transmitidos às futuras gerações começaram alimentando algum sonho. Quando se nasce neste mundo como ser humano, é extremamente importante ter o espírito de viver com grandes objetivos. Ficar confinado a um mundo pequeno, como se você fosse um bicho-do-cesto, não torna você humilde. A humildade é necessária justamente quando você está crescendo; é justamente pelo fato de estar vivendo cheio de confiança que você precisa permanecer humilde. A humildade é, na verdade, um freio. Mas um carro não consegue avançar só com o freio. O mais importante para um carro se mover é o acelerador. Sem ele o carro não cumpre sua função. O freio está ali apenas como precaução, para impedir uma direção imprudente ou um acidente.

Tenho alertado em várias ocasiões quanto ao perigo de cair no Inferno, mas se você, por medo de ir parar no Inferno, ficar o tempo todo apenas entoando sutras ou dizendo amém, não será capaz de crescer. Precisa pisar no acelerador. Claro, ao perceber que está indo rápido demais, deve pisar no freio, pois é para isso que ele serve. Mas, se você está sempre buscando melhorias na sua vida de forma positiva, só precisa se certificar de que seu freio esteja funcionando bem. Se faz todos os dias uma verificação para ver se está conseguindo refletir sem demora sobre seus erros ao cometê-los e corrigindo seu caminho, então pise no acelerador com vontade. É isso o que significa alimentar um sonho e realizá-lo.

O efeito de alimentar um sonho não é apenas o de criar um plano para a sua vida; o sonho também cumpre uma função mística: é uma visão que você mantém no coração. Essa visão com toda certeza chega ao seu Espírito Guardião e ao seu Espírito Guia no outro mundo, o Mundo Real. Eles estão sempre se esforçando para achar maneiras de proteger e guiar as pessoas na Terra. Porém, quase todas as pessoas que vivem na Terra só abrigam pensamentos fugazes, que ficam indo e voltando o tempo inteiro; não têm uma direção definida na vida. Não têm nenhuma ideia bem ponderada a respeito de como querem conduzi-la. Desse jeito, como os Espíritos Guardiões e Espíritos Guias poderiam protegê-las e guiá-las? Se eles ensinarem tudo o que as pessoas vivas devem fazer para conduzir bem a própria vida, vão tirar-lhes a autonomia.

A única coisa que os Espíritos Guardiões e Espíritos Guias do outro mundo têm permissão de fazer é enviar inspiração às pessoas vivas. Em geral, isso é tudo. No entanto, se você alimenta um sonho bem definido, para seu Espírito Guardião e seu Espírito Guia basta que achem meios de ajudá-lo a alcançar esse sonho e enviem a você a inspiração adequada para isso. Assim, desde que tenha um sonho claro e pense sempre nele, há uma grande chance de que se concretize com a ajuda de seu Espírito Guardião e de seu Espírito Guia no outro mundo.

Na verdade, isso constitui a autorrealização em seu sentido verdadeiro. Em outras palavras, para se autorrealizar, você deve primeiro alimentar um sonho. Depois, deve visualizar seu sonho e rezar ao seu Espírito Guardião e aos Espíritos Guias. Então, seu sonho começará a adquirir forma. É assim que acontece o processo. Desnecessário dizer que o sonho que você abraça precisa levar ao aprimoramento de sua personalidade e à felicidade de outras pessoas.

8
Tenha uma Coragem Dourada

Coragem. Será que sou o único a sentir o coração saltando ao ouvir esta palavra?

Quando ouço a palavra coragem, penso num machado golpeando um grande tronco. Tenho a impressão de ouvir esse pulsar valente da vida ecoando pela floresta no início de uma manhã. É justamente esse machado chamado coragem o que permite aos seres humanos derrubar as árvores gigantes chamadas dificuldades da vida.

Portanto, quando se sentir desencorajado na vida, quero que lembre que você possui este machado da coragem. Quando se sentir infeliz e desanimado, lembre-se de que Buda lhe deu o machado da coragem.

Quando o ser humano nasce num corpo físico, fica espiritualmente cego e precisa encontrar o próprio caminho pela vida confiando apenas em seus cinco sentidos. É por isso que, quando você nasceu, Buda lhe deu o machado da coragem, como se dissesse: "Abra seu caminho pela floresta do destino".

Cada um de nós tem esse machado dependurado em seu cinto. Por que não o está percebendo? Por que não utiliza seu machado da coragem para cortar as cordas do destino que o prendem, em vez de querer que os outros solucionem o seu sofrimento, em vez de procurar obter compaixão dos outros quando está infeliz?

Um dos *koans* utilizados no zen-budismo é uma parábola chamada "O Homem Iluminado". É o vigésimo *koan* de um livro intitulado *O Portão sem Portão*, uma coleção de 48 *koans* compilados pelo mestre zen chinês Wumen Huikai (também conhecido como Mumon Ekai, 1183-1260). Diz o seguinte:

O monge Shōgen perguntou: "Por que o homem iluminado não se levanta sobre os próprios pés e se explica ele mesmo?". Ao que ele respondeu: "Não é necessário que a fala venha pela língua".

Wumen comentou o seguinte sobre o koan: *"Shogen fala de maneira suficientemente explícita, mas quantos irão entendê-lo? Se alguém captar o sentido, deverá vir aqui e ser testado com meu grande bastão zen. Porque, veja bem, para testar se o ouro é verdadeiro, é preciso submetê-lo ao fogo.*

"Se os pés do homem iluminado se movessem, o grande oceano transbordaria; se aquela cabeça se curvasse, ela olharia para os céus a partir do alto. Um corpo assim não tem lugar de descanso... Que alguém continue esse poema."

O sentido deste *koan* pode ser resumido da seguinte maneira: os seres humanos se esqueceram do imenso poder que têm dentro deles; acreditam que não são nada além de um corpo físico materializado que pode falhar a qualquer momento, como se hipnotizados pelo conhecimento mundano, pelas crenças comumente aceitas, pela opinião pública e pelas palavras de doutores. No entanto, seu verdadeiro eu é um filho de Buda com poderes infinitos.

Veja, se você se libertar por meio da meditação zen, verá sua verdadeira natureza, e seu corpo espiritual se tornará tão gigantesco que verá abaixo a Terra pequena. Verá que a galáxia desse universo da terceira dimensão ("o grande oceano") é como um charco visto a partir do Grande Universo das altas dimensões, um charco que simplesmente irá espirrar se você pisar nele. Os mundos da iluminação humana, da sexta dimensão para baixo ("os céus"), comparados aos Reinos dos *Tathagatas* e *Bodhisattvas*, parecerão tão distantes lá embaixo que você precisará abaixar a cabeça para enxergá-los.

Ao que parece, Wumen Huikai já havia alcançado a iluminação do Reino dos *Tathagatas*. Quando você chega a esse nível de iluminação, sabe que sua verdadeira forma não é a de uma minúscula alma residindo num pequeno corpo físico, e sim a de um corpo de energia que se estende muito longe até o tamanho do universo. Na meditação zen, você irá experimentar seu corpo espiritual expandindo-se rapidamente até conseguir ver lá do alto a Terra embaixo, bem distante.

Os seres humanos têm essencialmente esse imenso poder; isto é, são seres com flexibilidade total, e livres de quaisquer restrições. Mesmo assim, permanecem presos pelos próprios sentidos ao mundo da terceira dimensão, em razão da educação escolar que tiveram ou de um conhecimento convencional, que os leva a achar que não existem coisas como espíritos ou o outro mundo. Com isso, restringem sua liberdade e, se adoecem, tornam-se pequenos seres infelizes que ficam repetindo: "Não quero morrer, não quero morrer".

Portanto, desperte sua coragem dourada, brandindo seu machado de ouro e derrubando a árvore gigante da ilusão. Siga adiante com os potentes golpes de seu machado. Com coragem, vença suas preocupações e sofrimentos e rompa as amarras do destino.

A coragem é muito importante. Quando as pessoas despertam sua coragem, conseguem perceber seu imenso poder. Porém, mesmo que você desperte para seu imenso poder e se levante de seu leito de doente para viver uma vida plena, ou vença as ilusões do materialismo e desperte para a Verdade, se ficar exposto às vibrações do mundo material da terceira dimensão constantemente e começar a cair nas tentações do ser humano tridimensional, aos poucos poderá ir perdendo sua força de vontade.

No entanto, é nessa hora que deve aguentar firme e fazer mais esforços ainda. É como correr uma maratona; em alguns momentos, as coisas podem ficar tão difíceis que você pensa em desistir. Mas, se parar de correr nessa hora, com certeza jogará fora a chance de vencer. Não será capaz de concluir a corrida. No entanto, depois que essa hora mais difícil passar, seus pés de algum modo se sentirão mais leves e você conseguirá continuar correndo até a linha de chegada.

Estou certo de que muitas pessoas já tiveram essa experiência. Com a natação ocorre o mesmo. Quando ficar tão difícil de respirar que você até pensa em parar, se você não se der por derrotado, aguentar firme e continuar nadando, sentirá o seu corpo e a água se tornando uma coisa só, e então continuará nadando como se fosse uma onda.

Claro, viver não é o mesmo que correr uma maratona ou nadar longas distâncias. Mas são coisas semelhantes, pois envolvem momentos em que é preciso perseverar, não importa o quanto seja difícil. Quando você consegue superar essas situações, não só ganha confiança como é capaz de sentir a sublime luz de Buda perto de você.

9
A Época do "Dragão Adormecido": Lembranças da Minha Juventude

Agora escreverei sobre a minha trajetória, começando quando eu tinha uns 10 anos. Nas últimas séries do ensino primário, eu era capaz de ficar horas e horas estudando, algo incomum para um garoto da minha idade. Com esse meu esforço constante, consegui uma média de acerto nas provas de 99,7 pontos, durante toda a sexta e última série. Só não consegui chegar a 100 pontos por pequenos erros que cometi na prova de língua e literatura japonesa – em vez de marcar as letras nas questões de múltipla escolha, escrevi as palavras por extenso e por isso perdi dezenas de pontos.

Meu pai pegou meu boletim e foi discutir meu futuro com um conhecido dele, diretor de uma escola secundária afiliada à Universidade "T". Ele disse ao meu pai que eu não teria problemas para entrar na escola dele. Também comentou que, com as minhas notas, eu seria facilmente aceito a Escola Nada, uma das melhores do país. Mas meu pai sugeriu que eu fosse estudar numa escola secundária local, achando que seria bom eu fazer muitos amigos e conhecidos na própria cidade caso fosse seguir carreira na política.

Fiz o exame e entrei na escola secundária Kawashima, na minha cidade natal, em primeiro lugar, com a nota máxima, 100. Fui também representante de classe no meu primeiro ano, na cerimônia inaugural. Tenho lembranças muito boas dos meus dias de escola secundária, que foi uma era de ouro para mim; fui presidente do grêmio estudantil, capitão da equipe de tênis e chefe do conselho editorial, encarregado de editar e publicar o jornal da escola. Todas essas experiências ajudaram a aprimorar minha capacidade de liderança, que mais tarde me seria muito útil.

Continuei indo bem nos estudos; sempre em primeiro lugar e com 50 pontos a mais que o segundo colocado em exames nos quais o total era de 500 pontos. Também tirei o primeiro lugar nos exames nacionais em várias ocasiões, e deixava os professores da minha escola impressionados. Minha professora do terceiro ano nessa escola ficava intrigada e dizia: "Os primeiros alunos de outras séries costumam ser criticados pelos colegas, mas com você é diferente. Por alguma razão, todo mundo ouve o que você diz; sempre decidem levando em conta sua opinião e todos seguem você sem questionar". Lembro disso como se tivesse acontecido ontem. Na realidade, eu parecia ser mais do que um aluno brilhante; isto é, alguém com um coração grande e profundo e tendo o carisma de um líder religioso escondido dentro de mim.

Quando chegou a hora de ir para o ensino médio, resolvi prestar exame na Escola Tokushima Jōnan, na cidade de Tokushima, que naquele tempo era a melhor da região. Por volta dessa época, havia sido adotado um sistema de seleção abrangente com base naquele usado em Tóquio, para evitar que um número excessivo de estudantes da zona rural viesse para a cidade. Por esse sistema, os alunos com notas entre os 10% melhores no exame de admissão podiam ir para a escola que escolhessem, enquanto os 90% restantes eram destinados a escolas com base em suas notas e em seu local de residência. Eu não concordava muito com esse sistema, portanto estudei muito, e entrei na Tokushima Jōnan com a maior nota entre os que provinham da zona rural. Naquela época, mais de 10 alunos dessa escola entravam todo ano na Universidade de Tóquio, então comecei a considerar mais a sério entrar naquela universidade nessa época.

No entanto, meus dias no ensino médio não foram marcados por lembranças tão agradáveis como na escola secundária. Eu vivia cansado e sonolento, dormia pouco em razão de ter iniciado a prática intensiva de kendô, e também pela exaustão de ter de viajar todos os dias duas horas e meia de trem de casa até a escola e de volta. Lembro que só tinha tempo de estudar inglês dentro de um trem mal iluminado e que sacolejava muito. Um dia, eu estava em pé no meio do vagão, balançando com um livro de inglês numa mão, um dicionário *Crown* de inglês-japonês na outra e uma caneta tinteiro entre os dedos, resolvendo questões de gramática e compreensão de texto. Eu devia estar com uma expressão muito feroz, porque uma garotinha de 4 anos de idade levantou-se e me ofereceu seu assento. Fiquei muito constrangido.

Embora com muito pouco tempo para estudar, sempre tirava a melhor nota da classe. Minha matéria favorita era língua e literatura japonesa, e no meu primeiro ano de colegial tirei as melhores notas num curso de aprendizagem a distância de âmbito nacional, seis vezes seguidas. Isso me deu muita confiança. Que eu saiba, esse recorde ainda não foi batido. Talvez não fosse uma ideia tão boa assim dedicar tanto tempo ao estudo de língua e literatura japonesa só para poder entrar na universidade, mas isso foi muito útil para moldar minhas aptidões básicas anos mais tarde, quando comecei uma carreira que iria exigir muitas leituras, escrever muitos livros e dar palestras para grandes plateias.

Eu também gostava muito de geografia, geologia e biologia, embora essas matérias tampouco tivessem a ver com meu exame de acesso à universidade. Como eu ia muito bem em matérias de humanas – inglês, japonês e estudos sociais –, no meu segundo ano decidi estudar ciências exatas, que exigiam mais conhecimento de matemática e física, e eram matérias nas quais eu achava que não tinha tão bom desempenho. Nessa época, correram rumores de que eu ia prestar Medicina na Universidade de Tóquio, mas eu já decidira que prestaria Direito, pois isso me daria possibilidades mais amplas no futuro.

No primeiro e segundo anos do colegial, desempenhei também papéis principais nas peças de teatro dos festivais da escola. Embora não gostasse de ser escolhido para isso, talvez tivesse um talento do qual não fosse consciente, porque uma estudante membro do grupo de teatro sempre me convidava para fazer parte da equipe. Anos mais tarde, quando comecei a falar para plateias de dezenas de milhares de pessoas, achei que teria sido melhor ter aceitado papéis nas peças de teatro, pois isso teria me dado mais experiência de palco, mas a essa altura, é claro, já era tarde.

No meu último ano de colegial, retornei às matérias de humanas voltadas para o vestibular das universidades nacionais. Minha classe era de alto nível; cinco dos meus colegas entraram em Direito e um deles em Economia na Universidade de Tóquio. Minhas notas no final do colegial não foram tão boas quanto eu esperava; por isso, fiquei aliviado ao me formar com o melhor desempenho, inclusive recebendo o Prêmio Shohaku, dado ao melhor aluno.

Quanto à minha preparação para entrar na universidade, fiz um simulado do exame de admissão da Universidade de Tóquio no final de 1975, promovido por um grande curso pré-vestibular. Os resultados faziam prever que eu estaria entre os 10% que poderiam entrar na Faculdade de Direito, e em primeiro ou segundo colocado na Faculdade de Economia ou de Letras. Fiquei aliviado quando vi esses resultados. E no exame real, que tinha um máximo de 440 pontos, fui melhor ainda — fiz 30 a 40 pontos mais que no simulado — e alimentei uma esperança pessoal de poder ficar entre os 10 primeiros. Na primavera de 1976, entrei na Faculdade de Direito da Universidade de Tóquio com sucesso.

No entanto, meus sentimentos logo mudaram, e fiquei muito ansioso quando me vi rodeado de alunos brilhantes de todas as partes do país. Senti que precisava estudar muito mais, então mergulhei numa variedade de assuntos, estudando dia e noite, para explorar o mundo acadêmico não só no que dizia respeito a direito e ciência política, mas lendo também sobre sociologia, história, filosofia, história da teoria social, economia, administração, ciências naturais e relações internacionais. Comprei até livros em inglês ou na língua original e me absorvi neles, quer estivessem escritos em inglês ou em alemão.

Minha aptidão em inglês havia melhorado muito, depois de ter alcançado um alto nível nos testes nacionais na época em que prestei o vestibular. Descobri então que conseguia ler em inglês muitas vezes mais rápido do que os professores da universidade. Uma noite, fui a uma das minhas cafeterias favoritas e fiquei ali absorvido na leitura de um livro de 400 ou 500 páginas em inglês sobre história política da Europa, e vi o dono dispensando alguns clientes na porta, dizendo que ia fechar, só para me proporcionar um espaço mais silencioso para eu poder estudar. Senti muita gratidão e ao mesmo tempo me desculpei por estar afastando clientes.

Mas não passava o tempo todo estudando. Em dias de sol, no final da tarde, ia caminhar pelo Parque Hanegi, perto do quarto que eu alugara, ou passear pelo bairro de Umegaoka, às vezes rabiscando alguns versos de poesia que me vinham à mente em momentos de inspiração. Também olhava às vezes para o crepúsculo a oeste e contemplava os pensamentos de Platão, o filósofo grego, sobre o mundo espiritual, ou as ideias de "experiência pura" ou de *kenshō* ("ver a verdadeira natureza das coisas"), de Kitaro Nishida. Na época, já começava a despertar espiritualmente para me tornar um líder religioso.

Quando meus dias felizes no campus de Komaba de ciências humanas chegaram ao fim, mudei-me para o campus de Hongo da Faculdade de Direito. Continuava tirando notas altas e minha realização mais memorável na época foi um artigo de pesquisa que redigi sobre filosofia política, durante as férias de primavera do meu terceiro ano. Era um artigo sobre Hannah Arendt, a filósofa política americana versada no pensamento político da Grécia antiga. Meu artigo intitulava-se "Sobre o mundo de valores de Hannah Arendt". Embora os trabalhos dela fossem considerados de difícil apreciação por seu uso de um inglês germânico, ainda assim li todos os livros dela e trabalhei no meu artigo todas as noites até as 6 horas da manhã, durante duas semanas. A respeito desse artigo, meus amigos diziam: "É muito difícil de entender. Está rejeitando ser compreendido", mas meu professor elogiou-o, dizendo: "É um trabalho maduro. Você terá um grande sucesso na carreira acadêmica. Se acrescentar uma introdução e elaborar um pouco mais o trabalho para deixá-lo com o dobro do tamanho, já ficará melhor que a tese que os assistentes pós-graduados (tese no nível de doutorado) apresentam depois de três anos. Mas será que alguém capaz de ter um pensamento filosófico nesse nível consegue estudar o pragmático direito positivo de uma faculdade de Direito? Você está estudando as leis devidamente?".

Eu tinha 21 anos na época, e começava a demonstrar genialidade acadêmica. Minha tendência era não me aprofundar muito em assuntos práticos como a Constituição, o Código Civil e o Código Penal, e sentia uma forte atração pela metafísica. Essa tendência não mudou muito. Meu professor tinha altas expectativas em relação a mim e enfatizava muito que, como estudante de Direito, era obrigatório que eu estudasse assuntos que tivessem aplicação prática. Então, por fim, me tornei uma daquelas pessoas que iam à biblioteca do campus de Hongo para ler exaustivamente os casos e relatos do Compêndio das Leis do Japão.

Para ser sincero, não tinha certeza se o estudo da lei era um assunto acadêmico genuíno. Por exemplo, não conseguia parar de pensar no problema subjacente à Constituição do Japão – se a sua elaboração e intenção se justificavam ou não. Sentia certa pena de meus colegas que se dedicavam a memorizar a constituição inteira e as várias teorias baseadas nela. Quanto ao Código Penal, não concordava com as explicações da *Teoria Geral do Direito Criminal* sobre a base moral que permitia que algumas pessoas punissem outras, e sobre as definições de crime e os critérios para julgá-los. Também ponderava sobre a relação entre o Código Civil e a *Filosofia do Direito*, de Hegel. A meu ver, o Código Comercial, que incluía a Lei das Empresas, a Lei das Notas Promissórias e a Lei dos Cheques, era pragmático demais para alguém como eu, que valorizava uma apreciação filosófica dos assuntos.

Tinha também reservas semelhantes em relação à ciência política. Fiquei desapontado com a explicação ilógica de uma teoria de processo político dada por um professor, que havia formulado sua teoria a partir de uma obra de Kunio Yanagita sobre o folclore japonês e uma análise de Shichihei Yamamoto a respeito do povo japonês. Quanto à aula de ciência política internacional, com a qual eu tinha um certo interesse, achava que embora o argumento do professor contra o Tratado de Segurança EUA–Japão, baseado em suas crenças esquerdistas, fizesse sentido, sentia que suas conclusões eram equivocadas. Mais de uma década mais tarde, suas visões a respeito da Guerra Fria acabaram se mostrando erradas quando a União Soviética se desfez; minha intuição estava certa.

Quando deparei com a falta ou escassez de natureza disciplinar e de uma abordagem sobre os valores nos estudos de Direito e Ciência Política, concluí que não havia nenhum professor na faculdade de Direito da Universidade de Tóquio com o qual valeria a pena estudar. Assim, minha única alternativa era traçar meu próprio caminho. Senti que minha única opção era criar uma base financeira para me manter até descobrir um assunto acadêmico que valesse a pena estudar ou, se não houvesse nenhum, criar eu mesmo um campo inteiramente novo.

De qualquer modo, antes do meu quarto ano decidi prestar o Exame da Ordem como parte da procura por emprego. Na escola preparatória que frequentei por seis meses, consegui seis vezes a nota máxima. Meus ensaios foram selecionados como respostas-modelo, e muitas pessoas que os estudaram foram aprovadas no exame de habilitação. Quanto a mim, passei na parte do exame de respostas curtas, superando a nota de corte em 10 pontos (nota máxima de 90 pontos), mas meus ensaios não foram aprovados, para surpresa de muitos de meus amigos. Acho que foi porque escrevi os ensaios de um ponto de vista acadêmico, e não prático. Eu tinha uma maturidade acadêmica excepcional, com pontos de vista próprios e era capaz de apontar as falhas em algumas teorias legais convencionais ou nas interpretações aceitas na jurisprudência. Mas minhas respostas, que criticavam duramente a Suprema Corte do país, iam além dos limites das pessoas que avaliavam os exames.

Não obstante, quando discuti isso mais tarde com os Espíritos Superiores, descobri que eles estavam determinados a adotar quaisquer medidas para impedir que eu passasse no exame de habilitação e arrumasse um emprego com o qual ficasse satisfeito. Queriam que eu abrisse mão de alcançar sucesso mundano e seguisse o caminho para me tornar um líder religioso. Portanto, como ficou constatado, eu não tinha mesmo nenhuma chance de ser aprovado naquele exame.

Então, um caminho inesperado se abriu à minha frente; o gerente de Recursos Humanos de uma grande empresa comercial convidou-me com ardor para ingressar nela dizendo que iria me receber com a "reverência dos três encontros". Em seguida, um dos gestores dessa empresa, formado pela minha universidade e que fizera um MBA na Universidade Stanford, insistiu para eu ir trabalhar com ele. Por respeito à sua pessoa, aceitei o emprego.

Meus amigos criticaram muito minha decisão; um deles não se conformava de eu não aceitar a recomendação de meu professor para entrar no Banco do Japão – um cargo disponível a apenas um de seus alunos. Houve também um gerente de RH de um grande banco afiliado ao governo que me convidou a ir para lá e fez um comentário que me deixou contente: "Ao contrário das instituições privadas de ensino, mais da metade dos alunos da Universidade de Tóquio aprovados na parte de respostas curtas daquele exame de habilitação profissional passaram também no exame para ingresso no banco. Como você se graduou em ciência política, certamente será aprovado com a melhor nota." De fato, naquele ano, um conhecido com graduação em ciência política, mesmo tendo sido reprovado nas questões de respostas curtas do Exame de Ordem, tinha sido aprovado com a nota máxima no Exame Nacional para Funcionários Públicos (Avançado) e ingressado no Ministério das Finanças. Portanto, ele tinha certa razão ao falar de mim.

 Eu, no entanto, não gostava da ideia de ficar dependente do poder de uma grande instituição; tinha um forte impulso para testar meu potencial a partir do zero. De qualquer modo, minhas dúvidas quanto à escolha de carreira eram cada vez maiores, pois um amigo até me advertiu gentilmente dizendo: "Você não bebe, não joga *mahjong*, não é muito sociável e nunca esteve no exterior. Definitivamente não tem perfil para trabalhar numa empresa comercial".

 Conforme se aproximava o dia de concluir minha graduação, meu amor pelos estudos acadêmicos brotou de novo, e mergulhei na leitura de livros como *Felicidade*, de Carl Hilty, e *Ser e Tempo*, de Martin Heidegger. Conforme lia, ia percebendo que minha vontade maior era me tornar um pensador, e esse desejo foi ficando cada vez mais forte. Também lia muitos livros sobre filosofia e religião, buscando encontrar respostas a várias questões a respeito da vida.

10
O Caminho para a Iluminação

Naquela tarde de um cálido sol de primavera de 23 de março de 1981, eu me sentia muito bem. Refletia sobre meu passado, meus dias na escola, e fazia planos de vida para o futuro. Não conseguia conter meu desejo de chegar aos 30 anos fazendo parte da sociedade como pensador independente; parecia ser a minha vocação. Mas também dizia a mim mesmo que para me tornar um pensador independente teria primeiro de conseguir independência financeira. E acreditava que um caminho com certeza se abriria enquanto eu ganhava a vida na empresa comercial, acumulando experiências sociais e aprofundando meus estudos.

De repente, porém, senti a presença de um ser invisível em meu quarto. Senti que era alguém tentando falar comigo; rapidamente peguei uns cartões em branco e um lápis. Então, minha mão segurando o lápis começou a se mover como se tivesse vida própria, e escreveu: *iishirase, iishirase* ("boas-novas, boas-novas") em vários cartões.

Quando perguntei: "Quem é você?", minha mão assinou o nome "Nikkō". Eu estava psicografando Nikkō, um dos seis discípulos sêniores do monge budista Nichiren, do século XIII.

Fiquei surpreso porque, até então, eu não havia tido qualquer conexão com as escolas de budismo de Nichiren. Mas como "boa-nova" significa "evangelho" no contexto cristão, eu soube intuitivamente que era um momento de algum tipo de despertar espiritual. E fiquei particularmente surpreso em comprovar em primeira mão que o outro mundo existia de fato, assim como os seres espirituais, e que, portanto, os seres humanos eram almas com uma vida imortal.

Fazendo um retrospecto, lembrei naquela hora que, talvez porque meu olho espiritual estivesse começando a se abrir há uns dois ou três meses, de vez em quando notava um brilho especial em meus olhos e via uma aura dourada projetando-se da parte de trás da minha cabeça. Lembrei também de uma visita que havia feito a um templo no monte Koya, quando estudava ciências humanas na universidade. Quando ia em direção ao santuário interior, tive uma visão do futuro, vendo-me trabalhar com poderes sobrenaturais. Além disso, no outono daquele mesmo ano, havia lido o livro de palestras de Masaharu Taniguchi a respeito dos *shinsōkan* (meditações sobre Deus), que encontrei num sebo. Uma noite, ao tentar praticar o ritual de meditação *shinsōkan*, juntei as mãos em oração e levei um susto com uma espécie de eletricidade quente que percorria minhas mãos. Achei estranho, e nunca mais peguei o livro em mãos. Mesmo porque também achava a filosofia ali exposta um pouco ultrapassada.

Lembrei em seguida de um dia em que estava na cama com febre alta, no final da minha escola primária, e que tive várias experiências de sair do corpo e viajar o caminho todo do Mundo Celestial até o Inferno dos

Gritos Agonizantes. Desde pequeno, sempre fui muito sensível a fenômenos espirituais e tinha uma intuição muito forte.

O contato espiritual com Nikkō na forma de psicografia logo se encerrou, e a partir daí veio a comunicação espiritual com Nichiren, que apresentou a mim três palavras: "ame, nutra e perdoe". Provavelmente estava me dando indícios que eu aproveitaria mais tarde ao criar a teoria dos Estágios de Desenvolvimento do Amor. Enquanto isso acontecia, me perguntava se em alguma vida passada eu teria sido um dos monges das escolas de Nichiren. Ele continuou fazendo contato comigo pelo menos durante um ano, um número considerável de vezes, talvez esperando que eu o ajudasse a erradicar vertentes religiosas budistas errôneas vinculadas às escolas de Nichiren.

11
O Aparecimento de Cristo e a Missão de Buda

Em junho de 1981, Jesus Cristo desceu até mim e começou a me transmitir verdades impactantes na forma de mensagens espirituais. Ele falava em japonês, com um leve sotaque estrangeiro, mas suas palavras eram muito sinceras, poderosas e transbordantes de amor. Meu pai, que estava ali naquela hora, ficou em choque, sem palavras, com a poderosa presença de um espírito de dimensão tão elevada. Quando espíritos de dimensões mais elevadas descem à Terra, você fica ofuscado por sua luz brilhante, o seu corpo inteiro fica mais quente e você de repente se comove até as lágrimas pelas verdades resplandecentes e cheias de luz em cada palavra que dizem.

Em julho, a casa dos tesouros do meu subconsciente se abriu e minha consciência oculta – Sidarta Gautama, o Buda Shakyamuni – falou em tom austero e ardente sobre a missão de difundir a Verdade Búdica, comunicando-se comigo em parte em hindu arcaico. Então, me revelou que eu era o ser espiritual El Cantare, a consciência central do grupo de almas do Buda Shakyamuni[2]. Também me comunicou que a missão de El Cantare é trazer salvação a toda a humanidade por meio da difusão da Verdade Búdica. E deixou claro que sou o Grande *Tathagata* Shakyamuni com a função de El Cantare, que tem dois aspectos: um era o de Amitabha (a face de Salvador), que simboliza amor, misericórdia e fé, e o outro era o papel de Mahavairocana (a face de essência de Buda), aquele que simboliza a iluminação, a disciplina espiritual e as doutrinas secretas do Mundo Espiritual; eu seria o Grande Salvador quando o primeiro aspecto estivesse mais proeminente e, se o segundo aspecto predominasse, me tornaria o Buda Mahavairocana, a origem do Buda Vairocana descrito no Sutra Guirlanda de Flores e no Sutra Mahavairocana.

Que situação séria. Fui criado desde a infância numa família bastante religiosa e podia aceitar a existência do Mundo Espiritual sem questionar; mas, mesmo assim, não conseguia deixar de me surpreender com o fenômeno espiritual tão intenso e com a grandeza da missão que me era revelada. O que ficava claro para mim era: sou uma reencarnação do Buda; tendo Buda como centro, preciso criar uma nova religião mundial coordenando e unindo os Espíritos Superiores do Mundo Celestial, bem como as diversas religiões na Terra; ensinar e guiar pessoas ao redor do mundo; e abrir caminho para uma nova civilização. Em outras palavras, fui incumbido da missão de inaugurar uma nova era.

Apesar de tudo, não saí do emprego na empresa comercial, pois queria ter um pouco mais de tempo para explorar melhor e esclarecer o Mundo Espiritual. Além disso, achava que precisava passar por um treinamento como ser humano até chegar aos 30 anos. No entanto, com todo o meu conflito interior, minha vida neste mundo deu uma guinada no sentido oposto. A partir de 1982 até o ano seguinte, fui designado a trabalhar na sede da minha empresa em Nova York como estagiário. Portanto, o homem que havia recebido mensagens espirituais de Jesus Cristo e sido informado de sua missão como um Buda estava trabalhando em período integral com os colegas da Wall Street na área de finanças internacionais.

Depois de cem horas de aulas particulares de inglês na Escola de Idiomas Berlitz, passei na entrevista de um professor da Universidade da Cidade de Nova York com a avaliação de "inglês perfeito", e isso me permitiu participar de um seminário internacional de finanças de igual para igual com falantes de inglês nativos. Junto com a elite jovem de negócios, com idades por volta dos 30 e de empresas como Bank of America, Citibank e Merrill Lynch, aprendi a parte conceitual do setor de câmbio. Mas havia algo que não se encaixava. Eu não conseguia preencher a lacuna entre a realidade da sociedade humana e a realidade religiosa que vinha experimentando, e essa lacuna ficava cada vez maior. Naquela época, eu às vezes olhava para o prédio do World Trade Center erguendo-se para o céu, na parte sul de Manhattan, onde eu trabalhava, sem saber o que era real – aqueles edifícios ou as vozes no meu coração. Minha fé e minha autoconsciência estavam sendo severamente testadas.

Quando meu treinamento de um ano terminou, fui tão bem avaliado, em um nível sem precedentes, que meu chefe me ofereceu um cargo de representante em Nova York. Esse era um convite para uma carreira de elite, um sonho cobiçado pelos profissionais de comércio exterior. No entanto, meu interesse maior era o manuscrito sobre as mensagens espirituais no qual eu já começara a trabalhar na época. Assim, abri mão da promoção em Nova York, indiquei um colega para ser o próximo estagiário e decidi retornar ao Japão. Era uma atitude inusitada, de desprendimento e desinteresse, para um profissional de uma empresa de comércio exterior, mas era também um passo firme para me tornar um líder religioso.

Ao voltar ao Japão, passei dois anos preparando os textos e, em julho de 1985, publiquei *Mensagens Espirituais de Nichiren,* seguido por uma sucessão de outros livros de mensagens espirituais: *Mensagens Espirituais de Kūkai, Mensagens Espirituais de Jesus Cristo, Mensagens Espirituais de Amaterasu-Ō-Mikami* e *Mensagens Espirituais de Sócrates*. Como ainda trabalhava para a empresa de comércio exterior, esses livros foram publicados com o nome de meu pai, e eu aparecia apenas como coautor.

Finalmente, chegou o dia esperado. Em junho de 1986, vários espíritos, inclusive Jesus Cristo, vieram a mim e declararam que aquela era a hora de eu me erguer como líder religioso. No dia 15 de julho daquele ano – uma semana após meu aniversário, que é em 7 de julho –, apresentei minha demissão à empresa e dei meu primeiro passo rumo à grande terra da liberdade.

No final de agosto daquele ano, comecei a escrever este livro, *As Leis do Sol* (a primeira edição), e no início de setembro havia concluído a versão inicial. Em outubro, comecei a escrever *As Leis Douradas* (a primeira edição), concluído em novembro. As duas obras, publicadas no ano seguinte, tornaram-se a força-motriz para o início da Happy Science. A publicação dos meus primeiros livros teóricos sobre a Verdade rapidamente atraiu muitos membros seriamente dedicados a buscar o Caminho.

12
Creia em Mim e Siga-Me

A primeira palestra pública da Happy Science foi realizada no auditório Ushigome Public Hall, em Tóquio, em 8 de março de 1987. Cerca de quatrocentas pessoas compareceram para a minha palestra intitulada "Os Princípios da Felicidade". Nessa palestra, expus os quatro princípios que constituem o fundamento da nossa doutrina – o Princípio do Amor, o Princípio do Conhecimento, o Princípio da Reflexão e o Princípio do Desenvolvimento – e os posicionei como partes que compõem os Princípios da Felicidade. Também anunciei a estratégia básica da organização: a diretriz para os primeiros três anos consistiria em nos dedicarmos como um grupo focado nos estudos para construir a base das Leis, treinar palestrantes religiosos e estabelecer os métodos de operar como organização. Passado este período, mudaríamos a diretriz para a difusão da Verdade visando ao grande desenvolvimento.

Em abril daquele ano de 1987, começamos a publicar nossa revista mensal. Juntos, os artigos dessa revista e minhas palestras públicas definiram o rumo de nosso movimento espiritual. Comecei a realizar mais seminários e sessões de treinamento, que resultaram no crescimento constante de membros brilhantes e comprometidos, que mais tarde viriam a se tornar palestrantes e missionárias da Happy Science.

Inspirados e comovidos por minhas palestras, intensas como um rugido de leão, passamos a contar com um número crescente de participantes. Em 1988, o Auditório Hibiya Public Hall, projetado para abrigar 2 mil pessoas, não foi capaz de acomodar todos os que vieram, e em 1989 o púbico lotou completamente o Ryogoku Kokugikan, um estádio nacional coberto com capacidade para 8.500 pessoas. Em 1990, o Salão de Convenções de Makuhari Messe, que acolhe bem mais de 10 mil pessoas, tinha lotação esgotada toda vez que eu falava ali.

Então, em 7 de março de 1991, exatamente quatro anos após minha primeira palestra pública, a Happy Science foi oficialmente aprovada como organização religiosa, o que representou um novo início.

A imagem sagrada é o Grande *Tathagata* Shakyamuni, isto é, El Cantare. Ele é o Supremo Grande Espírito da nona dimensão, assim como o renascido e o mais sagrado Buda, que assume o encargo de guiar até mesmo os Espíritos Superiores.

Em julho de 1991, 50 mil fiéis líderes se reuniram no estádio Tokyo Dome para o Goseitansai, ou Festividade Natalícia. No mesmo ano em que a Happy Science foi oficialmente estabelecida como organização religiosa, ela se tornou uma das maiores entidades religiosas do Japão, manifestando-se como um milagre nunca visto antes no mundo da religião. Na celebração, declarei ser El Cantare e falei sobre minha missão como o Buda do Grande Veículo, o Buda da Salvação.

A grande mídia reportou esses fatos para o mundo, e teve início a era da verdadeira religião no Japão. Em setembro do mesmo ano, havíamos iniciado a "Revolução da Esperança", uma luta pela justiça para remover as sombras escuras impregnadas nos meios de comunicação de massa japoneses e erradicar a poluição espiritual que tem contaminado continuamente o povo japonês. Isso representou um ponto de virada para que o Japão começasse a seguir, no pós-guerra, em direção à construção da Utopia do Reino Búdico.

Em dezembro de 1991, quando realizamos nossa celebração anual da Festividade El Cantare, declarei que a Happy Science havia se tornado a organização religiosa mais influente do Japão, com mais de 5,6 milhões de membros. Em 1992 e 1993, consolidei os fundamentos dos meus ensinamentos alinhando-os aos princípios da filosofia budista, e realizei muitas palestras públicas em larga escala, transmitidas simultaneamente via satélite para todo o Japão. Ao mesmo tempo, apoiadores da "Revolução da Esperança" continuavam a erguer sua voz por todo o país, aumentando o número de nossos seguidores para 10 milhões. Assim, com a grande vitória do nosso "Plano Milagre", implantado de 1991 a 1993, a Happy Science se estabeleceu firmemente como organização religiosa centrada na fé em El Cantare.

Em 1994, lançamos nosso muito aguardado "Plano Big Bang": do estabelecimento da fé à difusão da Verdade – essa mudança de diretriz significava o grande salto da Happy Science para se tornar uma religião mundial.

Você deve proclamar o Advento do Senhor El Cantare e Sua Missão a todas as pessoas do mundo. É o Advento do Supremo Buda ou Maior Salvador da história da Terra. O mundo está agora sendo purificado. Com fé em El Cantare, a humanidade pode conseguir sua derradeira, mais elevada e maior salvação. "Creia em mim e siga-Me." – Divulgue esta mensagem a todas as pessoas ao redor do mundo. Eu sou seu Eterno Mestre.

NOTAS

1. No clássico romance chinês *Jornada para Oeste* há o personagem do Rei Macaco, que viveu uma vida muito egoísta, mas que a certa altura percebeu que era apenas um ser menor em comparação com Buda. (N. do T.)

2. As reencarnações de El Cantare são:
    1) Ra Mu (Continente Mu),
    2) Thoth (continente da Atlântida),
    3) Rient Arl Croud (antigo império Inca),
    4) Ophealis (Grécia),
    5) Hermes (Grécia),
    6) Sidarta Gautama (Índia), e
    7) Ryuho Okawa (Japão).

    Em princípio, a consciência El Cantare consiste em almas irmãs da nona dimensão. (N. do A.)

Posfácio

Por ora, acredito que este livro foi bem-sucedido em esclarecer a estrutura da filosofia da Verdade Búdica que a Happy Science vem difundindo, assim como seu propósito e sua missão. Este é o único livro do mundo que descreve claramente a Criação, os estágios do amor, a estrutura da iluminação e as transições das civilizações, assim como a verdadeira missão de El Cantare.

É melhor você acreditar neste livro, pois você o lerá nas suas vidas futuras como a Escritura Budista ou a Bíblia.

Para uma compreensão mais profunda deste livro, eu gostaria que tivesse em mente que, enquanto a primeira edição descrevia o mundo espiritual como uma dicotomia entre Céu e Inferno, esta edição explica que o Mundo Celestial é formado também pelo Mundo da Frente e pelo Mundo do Verso. Retirei uma parte significativa que havia sido escrita a partir da perspectiva do Mundo do Verso, em termos de visão de mundo espiritual, do sistema de valores e de visões históricas. Então, acredito que ele tem muito mais clareza lógica agora. Além disso, enquanto ao longo da edição original utilizei a palavra *Deus* por toda obra, preferi priorizar a palavra *Buda,* por ser mais precisa em relação à filosofia básica de Buda. Além disso, substituí alguns termos religiosos que eram exclusivos da Happy Science por termos mais comumente aceitos, como *arhat,* pois achei necessário à medida que estamos nos tornando uma religião principal. É uma forma de cortesia, para que os leitores deste livro, que certamente irá vender mais de 1 milhão de exemplares, possam lê-lo com maior facilidade.

Para os meus leitores que acharem difícil compreender neste livro o panorama dos ensinamentos básicos da Happy Science, pretendo escrever um novo livro sobre a teoria da Verdade. Por favor, aguardem.

Ryuho Okawa
Mestre e CEO do Grupo Happy Science
Junho de 1994

Sobre o Autor

Fundador e CEO do Grupo Happy Science.
Ryuho Okawa nasceu em 7 de julho de 1956, em Tokushima, no Japão. Após graduar-se na Universidade de Tóquio, juntou-se a uma empresa mercantil com sede em Tóquio. Enquanto trabalhava na matriz de Nova York, estudou Finanças Internacionais no Graduate Center of the City University of New York. Em 23 de março de 1981, alcançou a Grande Iluminação e despertou para Sua consciência central, El Cantare – cuja missão é trazer felicidade para a humanidade.

Em 1986, fundou a Happy Science, que atualmente expandiu-se para mais de 174 países, com mais de 700 templos e 10 mil casas missionárias ao redor do mundo.

O Mestre Ryuho Okawa realizou mais de 3.500 palestras, sendo mais de 150 em inglês. Ele tem mais de 3.200 livros publicados (sendo mais de 600 mensagens espirituais) – traduzidos para mais de 42 línguas –, muitos dos quais se tornaram *best-sellers* e alcançaram a casa dos milhões de exemplares vendidos, inclusive *As Leis do Sol* e *As Leis do Inferno*. Até o momento, a Happy Science produziu 28 filmes sob a supervisão de Okawa, que criou a história e o conceito originais, além de ser também o produtor executivo. Ele também compôs mais de 450 músicas e letras.

Ele é também o fundador da Happy Science University, da Happy Science Academy, do Partido da Realização da Felicidade, fundador e diretor honorário do Instituto Happy Science de Governo e Gestão, fundador da Editora IRH Press e presidente da New Star Production Co. Ltd. e ARI Production Co. Ltd.

Quem é El Cantare?

El Cantare significa a "Luz da Terra". Ele é o Supremo Deus da Terra, que vem guiando a humanidade desde a Gênese e é o Criador do Universo. É Aquele a quem Jesus chamou de Pai e Muhammad, de Alá, e é Ame-no-Mioya-Gami, o Deus Pai japonês. No passado, diferentes partes da consciência central de El Cantare vieram à Terra, uma vez como Alpha e outra como Elohim. Seus espíritos ramos, como Buda Shakyamuni e Hermes, vieram à Terra inúmeras vezes para ajudar diversas civilizações a prosperarem. Com o intuito de unir as várias religiões e integrar diferentes campos de estudo para criar uma nova civilização na Terra, uma parte da consciência central de El Cantare desceu à Terra como Mestre Ryuho Okawa.

Alpha: parte da consciência central de El Cantare, que desceu à Terra há cerca de 330 milhões de anos. Alpha pregou as Verdades da Terra para harmonizar e unificar os humanos nascidos na Terra e os seres do espaço que vieram de outros planetas.

Elohim: parte da consciência central de El Cantare, que desceu à Terra há cerca de 150 milhões de anos. Ele pregou sobre a sabedoria, principalmente sobre as diferenças entre luz e trevas, bem e mal.

Ame-no-Mioya-Gami: Ame-no-Mioya-Gami (Deus Pai japonês) é o Deus Criador e ancestral original do povo japonês que aparece na literatura da antiguidade, Hotsuma Tsutae. Diz-se que Ele desceu na região do monte Fuji

30 mil anos atrás e construiu a dinastia Fuji, que é a raiz da civilização japonesa. Centrados na justiça, os ensinamentos de Ame-no-Mioya-Gami espalharam-se pelas civilizações antigas de outros países do mundo.

Buda Shakyamuni: Sidarta Gautama nasceu como príncipe do clã Shakya, na Índia, há cerca de 2.600 anos. Aos 29 anos, renunciou ao mundo e ordenou-se em busca de iluminação. Mais tarde, alcançou a Grande Iluminação e fundou o budismo.

Hermes: na mitologia grega, Hermes é considerado um dos doze deuses do Olimpo. Porém, a verdade espiritual é que ele foi um herói da vida real que, há cerca de 4.300 anos, pregou os ensinamentos do amor e do desenvolvimento que se tornaram a base da civilização ocidental.

Ophealis: nasceu na Grécia há cerca de 6.500 anos e liderou uma expedição até o distante Egito. Ele é o deus dos milagres, da prosperidade e das artes, e também é conhecido como Osíris na mitologia egípcia.

Rient Arl Croud: nasceu como rei do antigo Império Inca há cerca de 7.000 anos e ensinou sobre os mistérios do coração. No Mundo Celestial, ele é o responsável pelas interações que ocorrem entre vários planetas.

Thoth: foi um líder onipotente que construiu a era dourada da civilização da Atlântida há cerca de 12 mil anos. Na mitologia egípcia, ele é conhecido como o deus Thoth.

Ra Mu: foi o líder responsável pela instauração da era dourada da civilização de Mu, há cerca de 17 mil anos. Como líder religioso e político, governou unificando a religião e a política.

Sobre a Happy Science

A Happy Science é uma organização religiosa fundada sob a fé em El Cantare, o Deus da Terra e Criador do Universo. A essência do ser humano é a alma, que foi criada por Deus, e todos nós somos filhos d'Ele. Deus é o nosso verdadeiro Pai, o que nos leva a ter em nossa alma o desejo fundamental de acreditar em Deus, amar a Deus e nos aproximar de Deus. E podemos ficar mais próximos d'Ele ao vivermos com a Vontade de Deus como nossa própria vontade. Na Happy Science, chamamos isso de a "Busca do Correto Coração". Ou seja, de modo mais concreto, significa a prática dos Quatro Corretos Caminhos: Amor, Conhecimento, Reflexão e Desenvolvimento.

Amor: isto é, o amor que se dá, ou misericórdia. Deus deseja a felicidade de todas as pessoas. Desse modo, viver com a Vontade de Deus como se fosse nossa própria vontade significa começar com a prática do amor que se dá.
Conhecimento: ao estudar e praticar o conhecimento espiritual adquirido, você pode desenvolver a sabedoria e ser capaz de resolver melhor os problemas de sua vida.
Reflexão: ao aprender sobre o coração de Deus e a diferença entre a mente (coração) d'Ele e a sua, você deve se esforçar para aproximar o seu coração do coração de Deus – esse processo é chamado de reflexão. A reflexão inclui a prática da meditação e oração.
Desenvolvimento: tendo em vista que Deus deseja a felicidade de todos os seres humanos, cabe a você também avançar na sua prática do amor e se esforçar para concretizar a Utopia que

permita que as pessoas da sociedade em que você convive, do seu país e, por fim, toda a humanidade, sejam felizes.

À medida que praticamos os Quatro Corretos Caminhos, nossa alma irá avançar gradativamente em direção a Deus. É quando podemos atingir a verdadeira felicidade: nosso desejo de nos aproximar de Deus se torna realidade.

Na Happy Science, conduzimos atividades que nos trazem felicidade por meio da fé no Senhor El Cantare, e que levam felicidade a todos ao divulgarmos esta fé ao mundo. E convidamos você a se juntar a nós!

Realizamos eventos e atividades nos nossos templos locais, bases e casas missionárias para ajudá-lo com a prática dos Quatro Corretos Caminhos.

Amor: realizamos atividades de trabalho voluntário. Nossos membros conduzem o trabalho missionário juntos, como o maior ato da prática do amor.

Conhecimento: possuímos uma vasta coleção de livros, muitos deles disponíveis online e nas unidades da Happy Science. Realizamos também diversos seminários e estudos dos livros para você se aprofundar nos estudos da Verdade.

Reflexão: há diversas oportunidades para polir seu coração por meio da reflexão, meditação e oração. São muitos os casos de membros que experimentaram melhorias nas suas relações interpessoais ao mudarem o seu próprio coração.

Desenvolvimento: disponibilizamos seminários para elevar seu poder de influência. Realizamos seminários para alavancar seu trabalho e habilidades de gestão, porque fazer um bom trabalho também é fundamental para criar uma sociedade melhor.

O sutra da Happy Science

As Palavras da Verdade Proferidas Por Buda

> As Palavras da Verdade
> Proferidas Por Buda
>
> Oração ao Senhor
>
> Oração ao Espírito Guardião
> e ao Espírito Guia

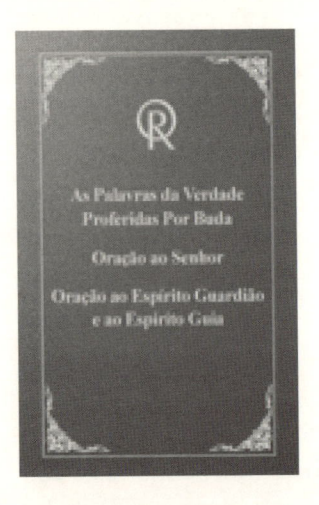

As Palavras da Verdade Proferidas Por Buda é um sutra que nos foi concedido, originalmente em inglês, diretamente pelo espírito de Buda Shakyamuni, que faz parte da subconsciência do Mestre Ryuho Okawa. As palavras deste sutra não vêm de um mero ser humano, mas são palavras de Deus ou Buda, que foram enviadas diretamente da Nona Dimensão – o reino mais elevado do mundo espiritual terrestre.

As Palavras da Verdade Proferidas Por Buda é um sutra essencial para nos conectarmos e vivermos com a Vontade de Deus ou Buda como se fosse nossa vontade.

Torne-se um membro!

MEMBRO

Se você quer conhecer melhor a Happy Science, recomendamos que se torne um membro. É possível fazê-lo ao jurar acreditar no Senhor El Cantare e desejar aprender mais sobre nós. Ao se tornar membro, você receberá o seguinte livro de orações com os sutras: *As Palavras da Verdade Proferidas Por Buda, Oração ao Senhor* e *Oração ao Espírito Guardião e ao Espírito Guia*.

MEMBRO DEVOTO

Se você deseja aprender os ensinamentos da Happy Science e avançar no caminho da fé, recomendamos que se torne um membro devoto aos Três Tesouros, que são: Buda, Darma e Sanga. Buda é o Senhor El Cantare, Mestre Ryuho Okawa. Darma são os ensinamentos pregados pelo Mestre Ryuho Okawa. E Sanga é a Happy Science. Devotar-se aos Três Tesouros fará sua natureza búdica brilhar e permitirá que você entre no caminho para conquistar a verdadeira liberdade do coração.

Tornar-se devoto significa se tornar um discípulo de Buda. Você desenvolverá o controle do coração e levará felicidade à sociedade.

✉ **E-MAIL** OU ☏ **TELEFONE**
Vide lista de contatos (págs. 288 a 290).
📶 **ONLINE** www.happy-science-br.org/torne-se-membro

Contatos

A Happy Science é uma organização mundial, com centros de fé espalhados pelo globo. Para ver a lista completa dos centros, visite a página happy-science.org (em inglês). A seguir encontram-se alguns dos endereços da Happy Science:

BRASIL

São Paulo (Matriz)
Rua Domingos de Morais 1154,
Vila Mariana, São Paulo, SP
CEP 04010-100, Brasil
Tel.: 55-11-5088-3800
E-mail: sp@happy-science.org
Website: happyscience.com.br

São Paulo (Zona Sul)
Rua Domingos de Morais 1154,
Vila Mariana, São Paulo, SP
CEP 04010-100, Brasil
Tel.: 55-11-5088-3800
E-mail: sp_sul@happy-science.org

São Paulo (Zona Leste)
Rua Itapeti 860 A, sobreloja
Vila Gomes Cardim, São Paulo, SP
CEP 03324-002, Brasil
Tel.: 55-11-2295-8500
E-mail: sp_leste@happy-science.org

São Paulo (Zona Oeste)
Rua Rio Azul 194,
Vila Sônia, São Paulo, SP
CEP 05519-120, Brasil
Tel.: 55-11-3061-5400
E-mail: sp_oeste@happy-science.org

Campinas
Rua Joana de Gusmão 108,
Jd. Guanabara, Campinas, SP
CEP 13073-370, Brasil
Tel.: 55-19-4101-5559

Capão Bonito
Rua General Carneiro 306,
Centro, Capão Bonito, SP
CEP 18300-030, Brasil
Tel.: 55-15-3543-2010

Jundiaí
Rua Congo 447,
Jd. Bonfiglioli, Jundiaí, SP
CEP 13207-340, Brasil
Tel.: 55-11-4587-5952
E-mail: jundiai@happy-science.org

Londrina
Rua Piauí 399, 1º andar, sala 103,
Centro, Londrina, PR
CEP 86010-420, Brasil
Tel.: 55-43-3322-9073

Santos / São Vicente
Tel.: 55-13-99158-4589
E-mail: santos@happy-science.org

Sorocaba
Rua Dr. Álvaro Soares 195, sala 3,
Centro, Sorocaba, SP
CEP 18010-190, Brasil
Tel.: 55-15-3359-1601
E-mail: sorocaba@happy-science.org

Rio de Janeiro
Rua Barão do Flamengo 22, sala 304,
Flamengo, Rio de Janeiro, RJ
CEP 22220-900, Brasil
Tel.: 55-21-3486-6987
E-mail: riodejaneiro@happy-science.org

ESTADOS UNIDOS E CANADÁ

Nova York
79 Franklin St.,
Nova York, NY 10013
Tel.: 1-212-343-7972
Fax: 1-212-343-7973
E-mail: ny@happy-science.org
Website: happyscience-usa.org

Los Angeles
1590 E. Del Mar Blvd.,
Pasadena, CA 91106
Tel.: 1-626-395-7775
Fax: 1-626-395-7776
E-mail: la@happy-science.org
Website: happyscience-usa.org

San Francisco
525 Clinton St.,
Redwood City, CA 94062
Tel./Fax: 1-650-363-2777
E-mail: sf@happy-science.org
Website: happyscience-usa.org

Honolulu (Havaí)
Tel.: 1-808-591-9772
Fax: 1-808-591-9776
E-mail: hi@happy-science.org
Website: happyscience-usa.org

Kauai (Havaí)
4504 Kukui Street,
Dragon Building Suite 21,
Kapaa, HI 96746
Tel.: 1-808-822-7007
Fax: 1-808-822-6007
E-mail: kauai-hi@happy-science.org
Website: happyscience-usa.org

Flórida
5208 8th St., Zephyrhills,
Flórida 33542
Tel.: 1-813-715-0000
Fax: 1-813-715-0010
E-mail: florida@happy-science.org
Website: happyscience-usa.org

Toronto (Canadá)
845 The Queensway Etobicoke,
ON M8Z 1N6, Canadá
Tel.: 1-416-901-3747
E-mail: toronto@happy-science.org
Website: happy-science.ca

INTERNACIONAL

Tóquio
1-6-7 Togoshi, Shinagawa
Tóquio, 142-0041, Japão
Tel.: 81-3-6384-5770
Fax: 81-3-6384-5776
E-mail: tokyo@happy-science.org
Website: happy-science.org

Londres
3 Margaret St.,
Londres, W1W 8RE, Reino Unido
Tel.: 44-20-7323-9255
Fax: 44-20-7323-9344
E-mail: eu@happy-science.org
Website: happyscience-uk.org

Sydney
516 Pacific Hwy, Lane Cove North,
NSW 2066, Austrália
Tel.: 61-2-9411-2877
Fax: 61-2-9411-2822
E-mail: sydney@happy-science.org
Website: happyscience.org.au

Kathmandu
Kathmandu Metropolitan City
Ward No 15, Ring Road, Kimdol,
Sitapaila Kathmandu, Nepal
Tel.: 977-1-427-2931
E-mail: nepal@happy-science.org

Kampala
Plot 877 Rubaga Road, Kampala
P.O. Box 34130, Kampala, Uganda
E-mail: uganda@happy-science.org

Bangkok
19 Soi Sukhumvit 60/1,
Bang Chak, Phra Khanong,
Bangkok, 10260, Tailândia
Tel.: 66-2-007-1419
E-mail: bangkok@happy-science.org
Website: happyscience-thai.org

Paris
56-60 rue Fondary 75015
Paris, França
Tel.: 33-9-50-40-11-10
Website: www.happyscience-fr.org

Berlim
Rheinstr. 63, 12159
Berlim, Alemanha
Tel.: 49-30-7895-7477
E-mail: kontakt@happy-science.de

Filipinas
LGL Bldg, 2nd Floor,
Kadalagaham cor,
Rizal Ave. Taytay,
Rizal, Filipinas
Tel.: 63-2-5710686
E-mail: philippines@happy-science.org

Seul
74, Sadang-ro 27-gil,
Dongjak-gu, Seoul, Coreia do Sul
Tel.: 82-2-3478-8777
Fax: 82-2- 3478-9777
E-mail: korea@happy-science.org

Taipé
Nº 89, Lane 155, Dunhua N. Road.,
Songshan District, Cidade de Taipé 105,
Taiwan
Tel.: 886-2-2719-9377
Fax: 886-2-2719-5570
E-mail: taiwan@happy-science.org

Kuala Lumpur
Nº 22A, Block 2, Jalil Link Jalan Jalil
Jaya 2, Bukit Jalil 57000, Kuala Lumpur,
Malásia
Tel.: 60-3-8998-7877
Fax: 60-3-8998-7977
E-mail: malaysia@happy-science.org
Website: happyscience.org.my

Outros livros de Ryuho Okawa

SÉRIE LEIS

As Leis do Inferno – *A "coisa" segue.....*
IRH Press do Brasil

Quer você acredite ou não, o mundo espiritual e o Inferno existem. A população atual da Terra superou 8 bilhões e, infelizmente, a verdade é que uma de cada duas pessoas está indo para o Inferno. Conheça a verdade espiritual que rege a Terra e descubra qual é o mundo que aguarda você após a morte.

As Leis De Messias – *Do Amor ao Amor*
IRH Press do Brasil

Okawa fala sobre temas fundamentais, como o amor de Deus, o que significa ter uma fé verdadeira e o que os seres humanos não podem perder de vista ao longo do treinamento de sua alma na Terra. Ele revela os segredos de Shambala, o centro espiritual da Terra, e por que devemos protegê-lo.

As Leis do Segredo – *A Nova Visão de Mundo que Mudará Sua Vida* – IRH Press do Brasil

Qual é a Verdade espiritual que permeia o universo? Que influências invisíveis aos olhos sofremos no dia a dia? Como podemos tornar nossa vida mais significativa? Abra sua mente para a visão de mundo apresentada neste livro e torne-se a pessoa que levará coragem e esperança aos outros aonde quer que você vá.

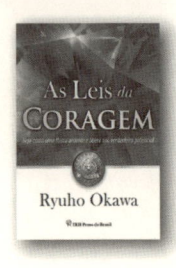

As Leis da Coragem – *Seja como uma Flama Ardente e Libere Seu Verdadeiro Potencial*
IRH Press do Brasil

Os fracassos são como troféus de sua juventude. Você precisa extrair algo valioso deles. De dicas práticas para formar amizades duradouras a soluções universais para o ódio e o sofrimento, Okawa nos ensina abordagens sábias para transformar os obstáculos em alimento para a alma.

SÉRIE AUTOAJUDA

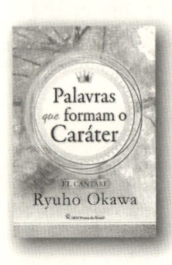

Palavras Que Formam o Caráter
IRH Press do Brasil

À medida que avança na leitura, você encontrará a sabedoria para construir um caráter nobre por meio de várias experiências de vida, como casamento, questões financeiras, superação dos desejos egoístas, prática do perdão e fé em Deus. Ao ler, apreciar e compreender profundamente o significado destas frases sagradas, você poderá alcançar uma felicidade que transcende este mundo e o próximo.

Palavras para a Vida
IRH Press do Brasil

100 frases para praticar a meditação reflexiva sobre a vida. Faça deste livro seu companheiro de todas as horas, seu livro de cabeceira. Folheie casualmente as páginas, contemple as palavras de sabedoria que chamaram a sua atenção, e avance na jornada do autoconhecimento!

O Verdadeiro Exorcista
Obtenha Sabedoria para Vencer o Mal
IRH Press do Brasil

Assim como Deus e os anjos existem, também existem demônios e maus espíritos. Esses espíritos maldosos penetram no coração das pessoas, tornando-as infelizes e espalhando infelicidade àqueles ao seu redor. Aqui o autor apresenta métodos poderosos para se defender do ataque repentino desses espíritos.

Os Verdadeiros Oito Corretos Caminhos
Um Guia para a Máxima Autotransformação
IRH Press do Brasil

Neste livro, Okawa nos orienta como aplicar no cotidiano os ensinamentos dos Oito Corretos Caminhos propagados por Buda Shakyamuni e mudar o curso do nosso destino. Descubra este tesouro secreto da humanidade e desperte para um novo "eu", mais feliz, autoconsciente e produtivo.

Vivendo sem Estresse
Os Segredos de uma Vida Feliz e Livre de Preocupações
IRH Press do Brasil

Por que passamos por tantos desafios? Deixe os conselhos deste livro e a perspectiva espiritual ajudá-lo a navegar pelas turbulentas ondas do destino com um coração sereno. Melhore seus relacionamentos, aprenda a lidar com as críticas e a inveja, e permita-se sentir os milagres dos Céus.

O Milagre da Meditação
Conquiste Paz, Alegria e Poder Interior
IRH Press do Brasil

A meditação pode abrir sua mente para o potencial de transformação que existe dentro de você e conecta sua alma à sabedoria celestial, tudo pela força da fé. Este livro combina o poder da fé e a prática da meditação para ajudá-lo a conquistar paz interior e cultivar uma vida repleta de altruísmo e compaixão.

Estou Bem!
7 Passos para uma Vida Feliz
IRH Press do Brasil

Diferentemente dos textos de autoajuda escritos no Ocidente, este livro traz filosofias universais que irão atender às necessidades de qualquer pessoa. Um tesouro repleto de reflexões que transcendem as diferenças culturais, geográficas, religiosas e étnicas. É uma fonte de inspiração e transformação com instruções concretas para uma vida feliz.

A Mente Inabalável
Como Superar as Dificuldades da Vida
IRH Press do Brasil

Para o autor, a melhor solução para lidar com os obstáculos da vida – sejam eles problemas pessoais ou profissionais, tragédias inesperadas ou dificuldades contínuas – é ter uma mente inabalável. E você pode conquistar isso ao adquirir confiança em si mesmo e alcançar o crescimento espiritual.

THINK BIG – Pense Grande
O Poder para Criar o Seu Futuro
IRH Press do Brasil

Tudo na vida das pessoas manifesta-se de acordo com o pensamento que elas mantêm diariamente em seu coração. A ação começa dentro da mente. A capacidade de criar de cada pessoa é limitada por sua capacidade de pensar. Com este livro, você aprenderá o verdadeiro significado do Pensamento Positivo e como usá-lo de forma efetiva para concretizar seus sonhos.

SÉRIE FELICIDADE

A Verdade sobre o Mundo Espiritual
Guia para uma vida feliz – IRH Press do Brasil

Em forma de perguntas e respostas, este precioso manual vai ajudá-lo a compreender diversas questões importantes sobre o mundo espiritual. Entre elas: o que acontece com as pessoas depois que morrem? Qual é a verdadeira forma do Céu e do Inferno? O tempo de vida de uma pessoa está predeterminado?

Convite à Felicidade
7 Inspirações do Seu Anjo Interior
IRH Press do Brasil

Este livro traz métodos práticos para criar novos hábitos para uma vida mais leve, despreocupada, satisfatória e feliz. Por meio de sete inspirações, você será guiado até o anjo que existe em seu interior: a força que o ajuda a obter coragem e inspiração e ser verdadeiro consigo mesmo.

Mude Sua Vida, Mude o Mundo
Um Guia Espiritual para Viver Agora
IRH Press do Brasil

Este livro é uma mensagem de esperança, que contém a solução para o estado de crise em que vivemos hoje. É um chamado para nos fazer despertar para a Verdade de nossa ascendência, a fim de que todos nós possamos reconstruir o planeta e transformá-lo numa terra de paz, prosperidade e felicidade.

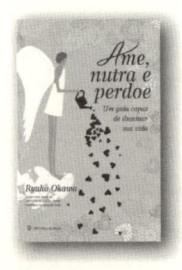

Ame, Nutra e Perdoe
Um Guia Capaz de Iluminar Sua Vida
IRH Press do Brasil

O autor revela os segredos para o crescimento espiritual por meio dos Estágios do amor. Cada estágio representa um nível de elevação. O objetivo do aprimoramento da alma humana na Terra é progredir por esses estágios e conseguir desenvolver uma nova visão do amor.

A Essência de Buda
O Caminho da Iluminação e da Espiritualidade Superior
IRH Press do Brasil

Este guia almeja orientar aqueles que estão em busca da iluminação. Você descobrirá que os fundamentos espiritualistas, tão difundidos hoje, na verdade foram ensinados por Buda Shakyamuni, como os Oito Corretos Caminhos, as Seis Perfeições, a Lei de Causa e Efeito e o Carma, entre outros.